TOP 100

Das COMPUTERWOCHE-Ranking

Die bedeutendsten Persönlichkeiten in der deutschen IT

COMPUTERWOCHE

Die bedeutendsten Persönlichkeiten in der deutschen IT

Bibliografische Informationen der Deutschen Nationalbibliothek
Die Deutsche Nationalbibliothek verzeichnet diese Publikation in der Deutschen Nationalbibliografie; detaillierte bibliografische Daten sind im Internet unter http://dnb.d-nb.de abrufbar.

Lyonel-Feininger-Str. 26, 80807 München
Printed in Germany 2011
Chefredaktion: Heinrich Vaske
Projektleitung: Alexandra Mesmer
Autoren: Alexander Jake Freimark, Karen Funk, Joachim Hackmann,
Hans Königes, Jan-Bernd Meyer, Michael Schweizer, Ingrid Weidner
Umschlaggestaltung/Layout: Erika Schönberger
Druck: Kösel GmbH & Co. KG, Altusried-Krugzell
ISBN: 978-3-9429-2203-6

Heinrich Vaske
Chefredakteur COMPUTERWOCHE

Wer sind die bedeutendsten Persönlichkeiten in der ITK-Industrie? Im vorigen Jahr hat unsere Redaktion ihr erstes Who is Who veröffentlicht, das Ranking der Top 50. Ermutigt vom überwältigenden Feedback, haben wir nun die 100 wichtigsten Persönlichkeiten aufgeführt. Folgende Kriterien hatten wir dabei vor Augen.

- Welches Gewicht hat die Stimme der Person in der Branche und darüber hinaus (Gesellschaft, Politik, Wissenschaft)?
- Kann man sie als ITK-Visionär bezeichnen?
- Wie gibt sich die Person öffentlich, aber auch gegenüber Kunden, Mitarbeitern und Partnern?
- Welche konkreten Verdienste hat sie vorzuweisen?
- Wie ist der wirtschaftliche Erfolg zu bewerten?
- Wie ist die künftige Rolle dieser Person in ihrem Umfeld zu bewerten?

Wir wünschen eine anregende Lektüre!

Einmal Chef, immer Chef.

„Mister SAP", wie Hasso Plattner noch genannt wird, hat Deutschlands erfolgreichste Nachkriegsgründung von Erfolg zu Erfolg getrieben. 600.000 Mark hat das Unternehmen im ersten Jahr erwirtschaftet, heute sind es über 12,5 Milliarden Euro. Plattner gilt als Arbeitstier und Visionär. Als Technologieverantwortlicher hat er zu Beginn der 90er Jahre die Umstellung vom Großrechnersystem R/2 auf die Client-Server-Version R/3 vorangetrieben – und SAP zum weltweiten Player gemacht.

Gefürchtet sind seine impulsiven Ausbrüche, legendär seine Segelwettkämpfe mit dem größten Rivalen in der Branche, Oracle-Gründer Lawrence Ellison. Erfolgsentscheidend war jedoch sein großer Einsatz für Mitarbeiter und Kunden.

Am ▶ **HPI** hält Plattner Vorlesungen über Trends in der Softwareentwicklung. Bisher förderte er das Institut mit mehr als 200 Millionen Euro.

„SAP zeigt eine Innovationskraft wie in den 90ern. Die Kombination von Anwendungswissen und neuen Technologien (In Memory) hat das Potenzial, den Erfolg von R/3 zu übertreffen."

***1944**

1963
Studium
Nachrichtentechnik
Uni Karlsruhe

1968
Berufsstart bei IBM

1972
Gründung von SAP

Fotos: HPI / Kay Herschelmann; SAP AG

Als im vorigen Jahr die Kunden rebellierten und noch dazu die Mitarbeiter ihre Daumen senkten, entließ Plattner in seiner Funktion als Aufsichtsratschef den erst einige Monate zuvor eingesetzten Vorstandsvorsitzenden Léo Apotheker.
Mit der Gründung des Hasso-Plattner-Instituts (▶ **HPI**) im Jahre 1998 und dem Fokus auf das „Design Thinking", einen innovativen Ansatz für komplexe Systeme, setzte Plattner auch starke Akzente in der deutschen Hochschullandschaft.

Hasso Plattner

SAP

1988
stellvertretender SAP-Chef; SAP geht an die deutsche Börse

1992
Durchbruch mit R/3

1997
Vorstandssprecher SAP

1998
US-Börsengang; HPI-Gründung

2003
Wechsel in den SAP-Aufsichtsrat

2011
Buch über In-Memory-Data-Management

August-Wilhelm Scheer

hat als ▶ **Wissenschaftler** geforscht und gelehrt, Firmen gegründet, den Börsengang absolviert, einen Ministerposten abgelehnt, einen Branchenverband dirigiert, Vermögen gestiftet und schließlich seine Firma gewinnbringend verkauft. Dabei hat ihn in seinem überaus erfolgreichen Berufsleben das „große Ganze" stets mehr interessiert als das eigene Wohlergehen. Er machte wirtschafts- und bildungspolitische Themen zu seinen persönlichen, suchte und fand dabei stets die Öffentlichkeit. Scheer erläuterte, argumentierte, verteidigte und vermarktete, bis der letzte Skeptiker unterschrieb. IT made in Germany war sein großes Anliegen. Woher Scheer die Zeit nahm, alle Auszeichnungen, Ehrungen und Preise persönlich zu empfangen, wird sein

▶ **Wissenschaftler** mit Praxisbezug: August-Wilhelm Scheer hat über 20 Professoren ausgebildet und die Gründung von mehr als 20 Unternehmen aus der Forschung unterstützt.

Der Beweis: Neben der Arbeit kann man immer noch Zeit finden, um zu lernen, ein Instrument zu beherrschen. Ab November geht Scheer mit seiner Band wieder auf Tour.

***1941**

ab 1975 Direktor des Instituts für Wirtschaftsinformatik IWI

1984 Gründung der IDS Scheer AG

1999 Börsengang IDS Scheer

2007–2011 Präsident des Bitkom

2009 Verkauf von IDS Scheer

Fotos: Institut für Wirtschaftsinformatik an der Universität des Saarlandes; Bitkom

Geheimnis bleiben. Immerhin verrät er sein Erfolgsrezept als Bitkom-Präsident: „Tiefe Überzeugung, das Richtige zu tun, großes Engagement und Visionen, persönliche Akzeptanz bei Politik und Medien." Ohne starkes Ego geht man auf diesem Weg keine weite Strecke.
Vor einigen Wochen gab er das Amt des Bitkom-Sprechers an ▶ **Dieter Kempf** (Seite 37) weiter. Diese Zäsur in seinem Wirken bedeutet keinen Ruhestand. Scheer arbeitet an seiner – wie vielten? – Karriere, als Saxophonist in seiner Jazzband. Der Tourneekalender ist gut gefüllt, aber das heißt nicht, dass der Professor, Unternehmer und Lobbyist nicht weiter in allen Töpfen rühren wird. Sein Ziel bleibt eine wettbewerbsfähige und innovative IT-Industrie in Deutschland.

August-Wilhelm Scheer

Scheer Group

Von  auf über 3000 Mitarbeiter in 30 Landesgesellschaften wuchs die IDS Scheer AG.

Die Trennung

Der Verkauf der IDS Scheer AG an die Software AG im Jahr 2009 war nach langem Kampf um Unabhängigkeit dann doch ein Zugeständnis an Markt und Zeit. Der Preis von 15 Euro pro Aktie lag 20 Prozent über dem Ausgabekurs von 12,50 Euro zehn Jahre zuvor. Jetzt kümmert sich Scheer um seine Beteiligungen.

Gleich auf seiner ersten Hauptversammlung als Vorstandsvorsitzender der Deutschen Telekom im Frühjahr 2007 lieferte sich René Obermann einen verbalen Schlagabtausch mit der Gewerkschaft Verdi, als es um die Auslagerung von rund 50.000 Arbeitsplätzen in eine Servicegesellschaft ging. Aktionäre waren damals von seiner souveränen Art in dieser heftigen Auseinandersetzung beeindruckt.

Seither führt der 48-jährige Studienabbrecher und Firmengründer überzeugend diesen schwer zu lenkenden Konzern, der wichtige Infrastrukturaufgaben wahrnehmen, sich aber auch im internationalen TK-Markt behaupten muss – und dabei immer noch überdeutlich die Fesseln der Vergangenheit eines Staatsunternehmens spürt.

Mit gerade 23 Jahren ▶ **gründete** Obermann die ABC Rufsysteme in Münster. 1990 übernahm die Hongkonger Hutchison Whampoa 68 Prozent der Anteile, Obermann führte ein weiteres Jahrzehnt die Geschäfte. Heute heißt die Firma The Phone House Telecom GmbH.

Vorreiter: Mit Claudia Nemat (links) und Marion Schick holte Obermann ▶ **zwei Frauen** in den Telekom-Vorstand.

***1963**

1982
Abitur in Krefeld

1986
Gründung der ABC Rufsysteme

1991
Geschäftsführer Hutchison Mobilfunk

2002
Vorstandsvorsitzender T-Mobile

2006
Vorstandsvorsitzender Deutsche Telekom

Fotos: Deutsche Telekom; Wikipedia TphM; dpa Picture-Alliance

René Obermann

Deutsche Telekom

Obermann kennt die Berufswelt in allen Facetten. Er absolvierte eine Lehre als Industriekaufmann bei BMW, ▶ **gründete** erfolgreich ein Unternehmen, arbeitete jahrelang als Geschäftsführer, bevor er zum Konzern Telekom wechselte. Seit er im Herbst 2006 den Vorstandsvorsitz übernahm, schafft er es , das Unternehmen in einem anhaltenden Veränderungsprozess auf das schnelllebige Internet-Business auszurichten. Dass ihm das bisher gut gelungen ist, beweist die Verlängerung seines Vorstandsmandats bis 2016. Zuletzt sorgte Obermann für Aufsehen, als er gleich ▶ **zwei Frauen** in den Vorstand holte, eine dritte soll dazukommen. Dann hätte die Telekom mehr weibliche Vorstandsmitglieder als jeder andere Dax-30-Konzern.

Wie Obermann tickt

- Sein Management-Prinzip: Kunden begeistern.
- Sein Lieblingsmitarbeiter: der umsichtig handelnde Unternehmertyp.
- Sein Lebensmotto: integer bleiben.

Klaus Hardy Mühleck

Volkswagen

Wo Klaus Hardy ist, ist vorne. Der 56-jährige CIO der Volkswagen AG drückt als bekennender Motorradfahrer gern aufs Gaspedal und sagt, wo es langgeht. Mühleck blickt auf eine BIlderbuchkarriere in deutschen Vorzeigeunternehmen zurück. Den Denkansätzen von Professor August-Wilhelm Scheer nahestehend, verlangte er schon in den 1990er Jahren eine starke Orientierung der IT an den Kernprozessen des Unternehmens. Auch jetzt ist der studierte Ingenieur für Automatisierungstechnik wieder vorne mit dabei, wenn es um die Einführung von Social-Media-Konzepten in seinem Konzern geht. Hier steht er auf der Seite der jungen Generation, der „Digital Natives". Der unkomplizierten und schnellen Wissenvermittlung durch Web-2.0-Technologien kann er viel abgewinnen.

Mit Bill Gates

„Ich erinnere mich an eine gemeinsame Konferenz mit Bill Gates Anfang der 90er Jahre in Frankfurt am Main. Wir diskutierten über die Zukunft der IT, und eine Präsentation war visionärer als die andere. Alle Vorhersagen sind eingetroffen, nur schneller als angenommen und in damals ungeahnten Dimensionen: Vernetzung, PCs, Internet-Kommunikation, Mobilgeräte in den Händen von Privatanwendern. Im Vergleich zu den Digital Natives waren wir damals eine Gemeinschaft von ‚Digital Pioneers'".

Fotos: VW

*1954

1981
Siemens

1986
Mercedes

2001
Audi-CIO

seit 2004
Konzern-CIO von Volkswagen

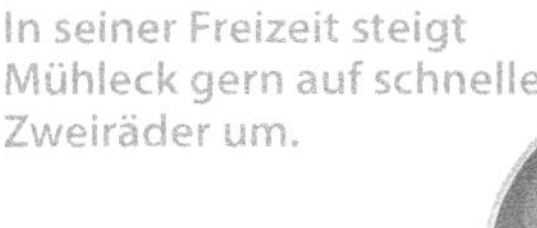

In seiner Freizeit steigt Mühleck gern auf schnelle Zweiräder um.

IT-Hersteller

„IT-Innovationen sollten sich stärker an den Bedürfnissen der Anwender orientieren und dabei den Aspekt der Informationssicherheit im Blick behalten."

Fachabteilungen

„Die IT-Leistung kann nur so gut sein wie die Qualität der beschriebenen Anforderungen. Dies zu managen ist eine gemeinsame Aufgabe von Fachbereichen und IT."

Web 2.0

„Social-Media-Plattformen fördern die Vernetzung und aktive Beteiligung von Mitarbeitern und helfen dadurch, vorhandenes Wissen von Experten für das ganze Unternehmen leichter zu erschließen. Haben früher ausgewiesene Spezialisten zur Beschreibung von Arbeitsabläufen das Planungssystem ‚Aris' eingesetzt, kommen heute hierfür Web-2.0-Tools mit intuitiven Benutzeroberflächen zum Einsatz."

Martina Koederitz

IBM Deutschland

Insider sagen, in ihrer neuen Position als Vorsitzende der Geschäftsführung der IBM Deutschland müsse sie noch auf ihre Flughöhe kommen. Gemeint ist damit, dass man auch dieser diszipliniert arbeitenden Frau die berühmten 100 Tage Zeit geben muss, um sich der Reisegeschwindigkeit und des Abstands zum Boden gewahr zu werden, den diese Position bedeutet. Dass sie das schaffen wird, bezweifelt niemand.

21.000

Mitarbeiter und Mitarbeiterinnen sind Koederitz unterstellt. Ein ziemlich großes Gruppenbild mit Dame.

***1964**

1987
Eintritt bei der IBM als Systemberaterin

1999
BU-Executive des genossenschaftlichen Finanzverbunds

2003
Keine Dino-Chefin, aber Emea-Vice-President für zSeries-Großrechner

Koederitz über ...

... sich als private Person

„Beruflich bin ich gerne eine öffentliche Person. Mein Privatleben halte ich allerdings privat."

... ihr Lebensmotto

„Man kann ein Problem nicht mit den gleichen Denkstrukturen lösen, die zu seiner Entstehung beigetragen haben," zitiert Koederitz Albert Einstein.

... Personalpolitik

„IBM Deutschland trägt seit 1999 ununterbrochen das Total-E-Quality-Prädikat für vorbildliches Handeln im Sinne einer an Chancengleichheit ausgerichteten Personalpolitik. Darauf bin ich stolz."
Man könnte noch hinzufügen, dass Koederitz die einzige Frau in der IBM-Geschäftsführung ist.

2007
Als Executive Assistant im Stab von IBMs Topmann Samuel Palmisano.

2008
VP Systems und Technology Group

2011
Vorsitzende der Geschäftsführung IBM Deutschland

*1963

1988
Gründung der 1&1 EDV Marketing GmbH

1992

Auftrag von der Deutschen Telekom, Btx-Zugänge zu vermarkten

1998
Gang an die Börse

2000
United Int
net AG

Ralph Dommermuth

United Internet

Das sind Unterschiede: Mitte der 90er Jahre sitzt ein Jungunternehmer namens Ralph Dommermuth im „Hamburger Zimmer" der Redaktion der COMPUTERWOCHE und erklärt wortreich die Strategie seines noch jungen Unternehmens. Noch ist nicht daran zu denken, dass diese Firma einmal Milliardenumsätze verbuchen wird. Doch einen Entrepreneur zeichnet aus, dass er weiß, was er will – auch wenn um ihn herum die Internet-Träume gleich reihenweise platzen. Dommermuth hat die Dotcom-Blase gut überstanden. Heute herrscht er über ein multinationales Unternehmen, und für ihn hat sich der Einsatz gelohnt. Dommermuth ist Milliardär – der Redakteur nicht.

2006
United Internet for UNICEF.

2007

Mit dem United Internet Team Germany nimmt erstmals ein deutsches Boot am America's Cup teil

2011
United Internet ist fast 3,1 Milliarden Euro wert

Unternehmen mit ICE-Anschluss: Dommermuth sorgte dafür, dass der Zug direkt vor der Zentrale in Montabaur hält.

92.000.000

Aktien besitzt Dommermuth an der United Internet AG. Das sind ungefähr 40 Prozent aller umlaufenden Anteile.

12.000.000

Euro Spendengelder und rund 7500 aktive Fördermitglieder hat die 2006 gegründete Stiftung United Internet for Unicef über die Portale von 1&1, GMX und Web.de gewonnen.

3.060.000.000

Euro beträgt die Marktkapitalisierung der United Internet AG per 15. Juni 2011.

*1963

1983
Studium Ingenieurwissenschaften in Erlangen

1989
Wissenschaftlicher Mitarbeiter an der Universität Erlangen-Nürnberg

1993
Promotion zum Dr. Ing. zu Themen der Laser- und Oberflächentechnologie

Foto: sebastien forget-Wikipedia

Foto: Joachim Wendler

Thomas Endres

Lufthansa

Thomas Endres sucht die Verantwortung. Der Konzern-CIO der Lufthansa gibt den deutschen IT-Managern als Sprecher des CIO Colloquiums eine Stimme, zeigt sich auf Kongressen und meldet sich auch mutig im politischen Berlin zu Wort.

Endres kämpft um eine starke gemeinsame Interessenvertretung der IT-Anwenderunternehmen. Richtet sich das CIO Colloquium vor allem an die IT-Verantwortlichen großer Konzerne, so sieht sich der konkurrierende CIO-Circle eher als Anwalt mittelständischer IT-Anwender.

Endres verfolgt das Ziel, beide Organisationen zusammenzuführen und so ein ebenbürtiges Pendant zum Bitkom zu bilden, der die Interessen der IT-Hersteller vertritt.

1994
Trainee bei Audi
in Ingolstadt

1995
Leitung Audi-Change-
Programm in Ungarn
und Deutschland

1997
Manager Human Resources
bei Eurofighter

2001
Leiter Konzern-IT
Management Personal

seit 2002
Konzern-CIO
Lufthansa

Foto: Lufthansa_Rolf Bewersdorft

Die deutschen CIOs...

müssen künftig mit einer gemeinsamen Stimme sprechen. Das will Endres erreichen, um gegenüber IT-Anbietern, Politik und Forschung die Interessen der Anwender besser durchsetzen zu können.

Innovation...

braucht Vorlauf. Deshalb ist es doppelt wichtig, das Thema auch in Krisenzeiten nicht fallen zu lassen. Sonst kommt irgendwann die schmerzliche Erkenntnis, dass man hinterherhinkt, während die Konkurrenz schon wieder durchstartet.

Cloud hilft nicht,...

wenn Fragen zu Security oder Identity nicht ausreichend beantwortet sind. Es kann also noch dauern, bis sich Cloud Computing durchsetzt.

Seit fast **10** Jahren ist Endres CIO bei der Lufthansa. bald doppelt so lange wie der durchschnittliche CIO, der weniger als fünf Jahre bei einem Arbeitgeber bleibt.

Michael Gorriz

Daimler

2007 trennte sich Daimler von Chrysler. Bei der Entflechtung der IT war Michael Gorriz von Anfang an dabei, seit 2008 als CIO und Vice President IT-Management. Für das in Ulm getestete Autoverleihsystem car2go ernannten ihn COMPUTERWOCHE und CIO Magazin 2009 zum CIO des Jahres.

1992

zu Daimler-Benz, 2000 zu Daimler-Chrysler, 2008 Daimler-CIO: Gorriz' Berufsweg spiegelt ein Stück Wirtschaftsgeschichte.

***1959**

1986
Messerschmidt-Bölkow-Blohm

1992
Daimler-Benz Aerospace Mexiko-Stadt

1996
Nortel Dasa, Geschäftsbereichsleite Enterprise Networks in Frankfurt

Fotos: Joachim Wendler, Dontworry/Wikipedia

Gorriz über...

... Krisen-Management

„Daimler hat seit 2004 die IT-Kosten erheblich reduziert, ohne an Qualität und wesentlichen Leistungen zu sparen. Damit haben wir einen großen Beitrag zur Bewältigung der Krise geleistet."

... die Besonderheiten der CIO-Position

„Bedingt durch die Tatsache, dass IT nahezu in jedem Prozess zu finden ist, habe ich einen sehr guten Überblick über das gesamte Unternehmen. Dies ist bei vielen anderen Funktionen nicht gegeben."

... Wege-Diskussionen

„Fachbereich und IT haben bei Daimler grundsätzlich immer dasselbe Ziel: den Erfolg unserer Firma. Es kann aber sein, dass wir unterschiedliche Wege sehen, dieses Ziel zu erreichen. Bevor wir loslaufen, müssen wir uns auf einen Weg einigen."

2000
Daimler-Chrysler

2005
Mercedes-Benz Cars

2008
CIO Daimler, Vice President IT-Management

2009
Wahl zum CIO des Jahres

Bei der Deutschen Bank integrierte der CIO des Jahres 2007 die IT der neuen Töchter Berliner Bank und Norisbank. Auch für die Euro- und die Jahr-2000-Umstellung war Gaertner zuständig. Er steht für Stabilität, effiziente Prozesse und Kostensenkungen. 2007 war er CIO des Jahres.

Wolfgang Gaertner

Deutsche Bank

26

Jahre Erfahrung hat Wolfgang Gaertner mit Großbanken-IT.

Was wollten Sie den IT-Herstellern immer schon mal sagen?

Ich erwarte von Technologiepartnern, dass sie uns immer einen Schritt voraus sind. Das gilt nicht nur technologisch, sondern auch für die Entwicklung kommerzieller Modelle.

Und wie lautet Ihre Botschaft an Ihre Kunden in den Fachabteilungen?

Vielen Dank, dass Sie die herausragende Bedeutung der IT für den Geschäftserfolg erkannt haben und uns in alle strategischen Vorhaben einbinden. Bitte haben Sie Verständnis dafür, dass manche IT-Projekte komplizierter sind, als Sie glauben.

Fotos: Joachim Wendler

Was ist bei der Deutschen Bank das Besondere an Ihrer Position?

Wir CIOs müssen permanent die Strategien weiterentwickeln und IT-intern, aber auch bankweit intensiv kommunizieren.

Warum muss ein CIO Humor haben?

Weil Lachen guttut, vor allem wenn der Stress und die Belastung unserer Teams mal wieder riesig sind.

Der 11. September 2001

„Nie vergessen werde ich den 11. September 2001, an dem ich in New York im Gebäude der Deutschen Bank neben dem WTC arbeitete. Neben allen schrecklichen Eindrücken ist es eine eindrucksvolle Erinnerung, mit welcher Konzentration, Durchhaltekraft, engen Zusammenarbeit und Erfahrung die Teams es schafften, die IT wieder zum Laufen zu bringen. Den Menschen, mit denen ich an diesem Tag zusammen war, bin ich noch heute tief verbunden."

Primus inter pares: Wolfgang Gaertner als CIO des Jahres 2007 im Kreis der Preisträger.

***1959**

1985 Commerzbank, zuletzt CIO Capital Markets

1998 Wechsel zur Deutschen Bank

2001 CIO Global Transaction Banking

2005 CIO Retail

2007 CIO des Jahres

Rainer Janßen

Munich Re

Der IT- und Prozessstratege hat die IT der Münchener Rück konsequent standardisiert und modernisiert. Mit Humor, Eloquenz und Belesenheit garantiert der promovierte Mathematiker für interessante und unterhaltsame Gespräche. 2008 kürten COMPUTERWOCHE und CIO ihn zum CIO des Jahres.

„Die IT ist im Unternehmen der komplizierteste Bereich."

Rainer Janßen spielt gerne Akkordeon.

***1953**

1980
Mitarbeiter Uni Kaiserslautern (Mathematik)

1984
Wissenschaftliches Zentrum IBM, Heidelberg

1987
Buch über Transplantations-Datenbank (Janßens erstes IBM-Projekt)

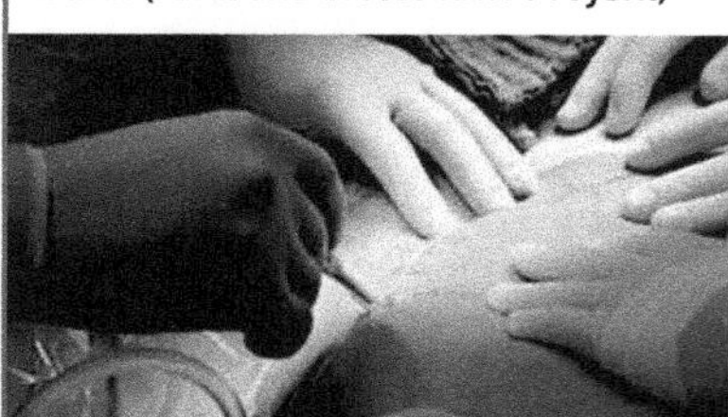

Foto: Joachim Wendler, Fotolia/horizont21

Die Welt ein bisschen besser gemacht... haben wir mit meinem ersten IBM-Projekt – zumindest für Nierenkranke. In unserer Datenbank flossen Informationen aus etwa 250 Transplantationszentren zusammen.

Die Produkthaftung... der Autoindustrie sollte auch für die IT-Hersteller gelten. Sie sollten endlich die Professionalität und Disziplin anderer Industrien entwickeln.

Jeder Manager... aus einem anderen Unternehmensbereich glaubt zu wissen, wie es in der IT billiger, schneller und einfacher ginge.

Lieblings-Website... habe ich keine. Ein guter Buchladen ist mir allemal lieber.

14

Jahre CIO der Munich Re.

1997
CIO der Münchener Rück

2008
Auszeichnung als CIO des Jahres

Ende 2007 übernahm Reinhard Clemens mit der Leitung von T-Systems eine tief verunsicherte Belegschaft und einen IT-Dienstleister mit diffuser Marktstrategie. Einige Umstrukturierungen später präsentiert sich die Telekom-Tochter heute als ein führender europäischer IT-Service-Provider mit rund 45.000 Mitarbeitern.

Reinhard Clemens

T-Systems

„Ich habe mir gerade ein Motorrad gekauft für die kleinen Fluchten am Wochenende."

***1960**

1991
Geschäftsführer der Gesellschaft für Industrieautomation

1994
IBM, unter anderem im Vertrieb, Service und Outsourcing-Geschäft

2001
Intermezzo im Vorstand der Systematics AG, bevor diese von EDS übernommen wurde

2001
EDS Deutschland, Vorsitzender der Geschäftsführung

2007
CEO der T-Systems und Vorstand der Telekom

Clemens über ...

... verborgene Talente der Mitarbeiter

In jedem steckt ein Entrepeneur, meint Clemens. Wer sich unternehmerisch engagieren will, soll bei T-Systems die bestmöglichen Voraussetzungen vorfinden: „Mir gefällt der Mitarbeitertyp, der sich nicht von einer Konzernraison einschüchtern lässt."

... eigene Talente

Als Jugendlicher wollte Clemens Koch werden. Sein Vater nahm ihn eines Tages mit in eine Küche und warnte: Als Koch müsse er immer dann arbeiten, wenn andere frei haben. So überlegte er es sich anders und studierte Elektrotechnik in Aachen. Sein früherer Berufswunsch ist heute Hobby: In sein Zuhause in Hamburg ließ sich Clemens eine Profiküche einbauen, um Gäste zu bekochen.

„Als ich mich auf der CeBIT 2010 für die ‚Deutsche Cloud' aussprach, brachte mir das eine Karikatur in der COMPUTERWOCHE ein. „Die spinnen, die Deutschen" war die Schlagzeile unter den Konterfeis der Chefs von Microsoft und IBM. Seitdem ist der Wettbewerbsvorteil von Server-Standorten in Deutschland ein wichtiges Verkaufsargument geworden."

Johannes Helbig

Deutsche Post

Der CIO des Unternehmensbereichs Brief steht für die digitale Transformation der Deutschen Post. Seine konsequente SOA-Strategie fand viel Zustimmung. Unter Helbigs Leitung führte die Post 2010 den E-Postbrief ein. Wenige Monate später wurde der Manager als CIO des Jahres ausgezeichnet.

Das geht auch elektronisch.

„Das Bild von der ‚behäbigen' Post teile ich nicht."

***1961**

1987
Informatikstudium Berkeley und Oldenburg, dann Promotion

1995
McKinsey

2002
Wechsel zur Deutschen Pos

Fotos: Deutsche Post; Joachim Wendler,

65.000.000

klassische Briefe verarbeitet die Post jeden Tag.

Zu anderen Führungspositionen... in der Deutschen Post sehe ich als CIO und Bereichsvorstands-Mitglied keinen Unterschied. Erfolgreiche Führung beinhaltet stets die gleichen Elemente.

Mit den IT-Herstellern... sind meine Mitarbeiter und ich in permanentem direktem Dialog. Mit unseren Kunden in den Fachabteilungen ebenso.

In der IT... ist eigentlich jeder Tag außergewöhnlich. Das hält uns alle auf den Zehenspitzen.

Bei Segelregatten... gewinnt oft das Team, das den Mann an Bord hat, der die anderen am besten zum Lachen bringen kann.

2005
Ausrichtung SOA Days

2006
European Enterprise CIO of the year

2010
Einführung E-Postbrief

2010
CIO des Jahres

Karlheinz Brandenburg

schraubt immer noch gerne am heimischen PC. Allzu viel Zeit bleibt ihm dazu aber nicht, denn seit 2004 leitet er das Fraunhofer-Institut für Digitale Medientechnologie (IDMT) in Ilmenau. Berühmt wurde der studierte Elektrotechniker und Mathematiker allerdings mit neuen Verfahren zum Komprimieren und Speichern von Musik.

Das mp3-Format, entwickelt von Brandenburg und Kollegen, ermöglichte es, eine ganze Musikbibliothek auf einem iPod zu speichern und in hervorragender Qualität abzuspielen. Bereits Ende der 1970er Jahre hatten Brandenburg und seine Kollegen die Idee, Musiksignale über Telefonleitungen zu übertragen. Anfangs belächelt, tüftelte und forschte das Team fast 15 Jahre bis zum fertigen Standard. Ende 1991 war die Entwicklung abgeschlossen, und 1995

1987: Acht junge Wissenschaftler und eine CD: Das Fraunhofer IIS Audioteam (von links): Harald Popp, Stefan Krägeloh, Hartmut Schott, Bernhard Grill, Heinz Gerhäuser, Ernst Eberlein, Karlheinz Brandenburg und Thomas Sporer.

2007: Das Team 20 Jahre später.

Die Forschungsergebnisse von Brandenburg und seinem Team sind mittlerweile auf mehreren Milliarden Geräten, die mp3 und AAC abspielen, zu finden.

Fotos: Fraunhofer IIS

erhielt sie den einprägsamen Namen **mp3**. Als größten beruflichen Erfolg nennt der heute 57-jährige Brandenburg „wesentliche Beiträge zu den Audiocodierverfahren mp3 und AAC". Wichtige Eigenschaften eines Wissenschaftlers sind für ihn „Neugier, Durchhaltevermögen und über den Tellerrand zu blicken". Eine gewisse Nähe zur Wirtschaft sei zwar nötig, um etwas bewegen zu können, doch Distanz sei ebenso wichtig, damit das unabhängige Denken nicht verloren gehe. Brandenburg leitet heute auch das Fachgebiet Elektronische Medientechnik an der TU Ilmenau. Außerdem bleibt dem Wissenschaftler noch Zeit zum Wandern und Musikhören.

Karlheinz Brandenburg

Fraunhofer-Institut für Digitale Medientechnologie

Zu Besuch in Neverland

2003 besuchte Karlheinz Brandenburg **Michael Jackson** auf seinem Anwesen Neverland, um mit dem Musiker über die Möglichkeiten von **Iosono** (3D-Ton mittels Wellenfeldsynthese) zu sprechen. Ein bizarres Erlebnis, denn dort gab es zwischen Candy-Bars, Spielzeugbahn und Zoo ein perfekt ausgestattetes Kino und Tonstudio.

Vor **22**

Jahren forschte er in den AT&T Bell Laboratories.

Jim Hagemann Snabe

SAP

Der Däne Jim Hagemann Snabe verantwortet als einer von zwei CEOs die Bereiche Strategie und Innovation sowie die Portfoliostrategie für die On-Premise- und On-Demand-Lösungen der SAP. Sein Management-Prinzip: „Gewinner haben einen Plan – Verlierer haben Erklärungen."

Hohe Ziele

„Ich habe die Erfahrung gemacht, dass man sich selbst und anderen möglichst anspruchsvolle Ziele vorgeben sollte. Das führt zu wesentlich höherer Kreativität, als wenn es nur kleine Schritte nach vorne geht. Bei entsprechenden Freiheiten stellen Mitarbeiter Annahmen in Frage und schaffen wirklich innovativen Mehrwert."

? Die wichtigste Entscheidung für SAP?

Die Definition und Umsetzung einer klaren Strategie, mit der wir voll und ganz auf kundenorientierte Innovationen setzen und neue Geschäftsfelder erobern sowie in unserem Kerngeschäft ebenfalls durch Innovationen wachsen.

? Was würden Sie als Ihren größten beruflichen Erfolg bei SAP bezeichnen?

Ich bin besonders stolz darauf, Nachhaltigkeit zu einem integralen Bestandteil der Strategie und Kultur des Unternehmens gemacht zu haben.

Welcher Mitarbeitertyp gefällt Ihnen besonders?

Ich schätze Mitarbeiterinnen und Mitarbeiter sehr, die proaktiv, open-minded, offen für neue Lösungen sind und die Dinge aus verschiedenen Blickwinkeln betrachten.

Haben Sie ein Lebensmotto?

Lachen macht die Welt schöner! Und ein guter Sinn für Humor erleichtert jede Zusammenarbeit.

Was sind Ihre privaten Prioritäten?

Das sind Segeln, Kochen, Wein, Kunst und Musik sowie Laufen – und last, but not least meine Familie.

Nur
1
Dax-Konzern
setzt auf
eine Doppel-
spitze – SAP.

Die perfekte CEO-Ehe: Marketier Bill Mc Dermott (links) und Technikexperte Jim Hagemann Snabe ergänzen sich harmonisch in der Chefetage. Ihre Verträge wurden bis 2017 verlängert.

***1965**

1990
SAP Denmark A/S: Consulting Manager

1994
IBM Denmark: Consulting

1996
SAP Sweden GF

2006
Corporate Officer SAP

2010
Co-CEO SAP AG

*1952

1978
Arthur Young
GmbH, WPG

1983
Bestellung zum Steuerberater
1985: Wirtschaftsprüfer

1991
Vorstand der Datev
eG in Nürnberg

Fotos: Datev, Bitkom

Dieter Kempf

Datev

Seit nunmehr 15 Jahren lenkt Dieter Kempf die Geschicke der Datev, die Steuerberater, Wirtschaftsprüfer und Anwälte mit Software und Services versorgt. Als Steuerberater, Wirtschaftsprüfer sowie „Revisionsassistent mit Spezialisierung als EDV-Prüfer" weiß er, was die über 39.000 Mitglieder brauchen. Kempf baute das Portfolio aus und steigerte den Umsatz auf rund 700 Millionen Euro im Jahr 2010. Damit liegt die Genossenschaft im bekannten Lünendonk-Ranking auf Rang vier in der Kategorie Softwarehäuser (gelistet nach Umsatz in Deutschland). Kempfs rege Verbandstätigkeit wurde dieses Jahr honoriert: Der Schatzmeister übernahm die Spitze des IT-Branchenverbands Bitkom von ▶ **August-Wilhelm Scheer** (Seite 10).

1996
Vorstandsvorsitz der Datev

2011
Neuer Bitkom-Präsident: Vorgänger
▶ Scheer gratuliert.

Führung ... „Nach einer Phase intensiver und breiter Meinungsbildung möglichst schnell, mutig, pragmatisch und konsequent entscheiden. Die Suche nach dem letzten Quäntchen Entscheidungssicherheit bringt nichts außer Zeitverlust."

Idealer Mitarbeiter ... „Derjenige, der gegebene Freiräume mutig und verantwortungsvoll nutzt und dabei auch die Größe hat, sich schnell zu Fehlern zu bekennen, sie zu korrigieren und möglichst kein zweites Mal zu machen."

Der Nebenjob

„Ich war einer der ersten Mitarbeiter von McDonald's in Deutschland und habe dort von 1971 bis 1978, parallel zur Schule und zum Studium, wertvolle Erfahrungen sammeln können – vom Burger-Verkauf über die Filialleitung bis zur Verwaltung. Trotz der erheblichen Doppelbelastung möchte ich die Zeit nicht missen."

Oldtimer-Fan Kempf empfiehlt Bavaria-Historic.de.

Andreas von Bechtolsheim muss man nichts von Hartnäckigkeit und Fokussierung erzählen. Von Zielstrebigkeit, die letztlich zum Erfolg führt. Das zweite von vier Kindern eines Volksschullehrers hatte es sich in den Kopf gesetzt, den prestigeträchtigen Nachwuchswettbewerb **„Jugend forscht"** zu gewinnen. Daraus wurde nichts. Beim ersten Mal. Daraus wurde wieder nichts. Beim zweiten Mal. 1974 reichte von Bechtolsheim im Fachgebiet Physik eine Arbeit ein. Thema: „Genaue Strömungsmessung durch Ultraschall". Damit gewann er. So geht Erfolg. Von Bechtolsheim ist zudem das Muster eines Firmengründers. Einmal auf Sun Microsystems angesprochen, sagte der in Hängeberg am Ammersee Geborene, in seinen Studentenkreisen habe es „zum guten Ton ge-

Jugend forscht: Damals hat es für den 18-jährigen Schüler erst im dritten Anlauf mit dem Sieg in Physik geklappt, heute ist er der Star unter allen ehemaligen Gewinnern des Wettbewerbs.

1982: „Die beste Zeit von Sun waren die ersten 15 Jahre": von Bechtolsheim (zweiter von rechts)1982 im Kreis der Sun-Gründer (von links) Vinod Khosla, Bill Joy und Scott McNealy.

***1955**

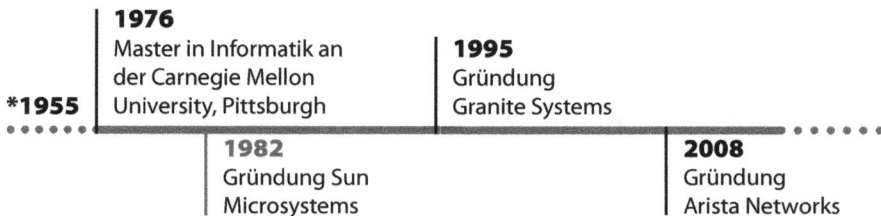

1976
Master in Informatik an der Carnegie Mellon University, Pittsburgh

1982
Gründung Sun Microsystems

1995
Gründung Granite Systems

2008
Gründung Arista Networks

Fotos: Stiftung Jugend forscht e. V.; Sun Microsystems

hört, eine eigene Firma zu gründen". **1982** tat er genau das zusammen mit Scott McNealy und Vinod Khosla und hob Sun Microsystems aus der Taufe. Andere Firmengründungen folgten. Schon als Jugendlicher entwickelte er auf Basis des Intel-8080-Chips die Software für eine Industriesteuerung – und verdiente an jeder im Folgenden verkauften 100 Mark.
Sun gründete von Bechtolsheim auch deshalb mit, weil er einmal ein Haus am Computer entwerfen und dann bauen wollte. Entsprechende Software gab es aber nicht. Also schrieb er das CAD-Programm selbst. Dafür gab es aber keine Hardware. Also gründete er Sun. So geht Erfolg.
Von Bechtolsheim Motto: „Fokus, Fokus, Fokus – und hart arbeiten. Und auch einmal Nein sagen."

Andreas von Bechtolsheim

Seit 2008 Arista Network ..

Der Milliardär gehört zu den ersten und wichtigsten Geldgebern von Google.

Was Erfolg bringt

Irgendwie passt eines seiner Hobbys zu seiner Überzeugung. Beim Fotografieren muss man ein Gespür für den richtigen Zeitpunkt besitzen. Erfolgreich ist eine Firma, so von Bechtolsheim, wenn sie das richtige Problem zur richtigen Zeit löst. Gutes Timing und Fokussierung sind alles.

Karl-Heinz Streibich

Software AG

Über Jahre steckte die Software AG mit ihrem Portfolio in der Sackgasse. Dann kam Karl-Heinz Streibich und stellte das Unternehmen auf den Kopf: in der äußeren Wahrnehmung sowie im inneren Selbstverständnis. Die Übernahmen von Webmethods und IDS Scheer waren die wichtigsten Schritte auf dem neuen Weg. Es bleibt spannend, welche großen Käufe folgen werden.

2003 setzte die SAG 422 Millionen Euro um – 2010 waren es 1,12 Milliarden Euro.

***1952**

1981
Dow Chemical Company

1984
ITT Industries, London
Product Marketing Manager

1987
ITT-SEL AG

1989
Daimler-Benz AG

Fotos: Wikipedia_cafezinho; Fotolia/OHRAUGE

1969

wurde die Software AG als Europas erster Softwarehersteller gegründet.

Große Deals ... gelingen nur, wenn man sich persönlich für den Erfolg in die Verantwortung nimmt. Das gilt bei großen Outsourcing-Abkommen, bei Übernahmen und bei wichtigen Partnerschaften. Die andere Seite hat immer das Gefühl, etwas Entscheidendes abzugeben – und das geht immer auch auf einer persönlichen Ebene.

Die wichtigste Entscheidung ... für die Software AG war der Aufbau des Neugeschäfts um den Nukleus der bestehenden Kundenbasis.

Die besten Mitarbeiter ... sind loyal bei der Sache und haben Herz, Verstand und viel Energie. Es kommt nicht darauf an, wie oft sie hinfallen, sondern wie oft sie wieder aufstehen.

„Definiere deinen Wert über den Nutzen, den du abgibst."

2000
T-Systems kauft Debis Systemhaus

1997
Geschäftsführer Debis Systemhaus

2003
CEO Software AG

Spätestens seit der deutsche Intel-Geschäftsführer vor zwei Jahren Präsident der Initiative D21 wurde, ist sein Engagement für das Thema Bildung in der digitalen Gesellschaft stark gestiegen. Vor allem die berufliche Förderung von Mädchen liegt ihm am Herzen.
Seine schönsten Momente erlebt der 50-jährige Betriebswirt, wenn er bei Besuchen in Schulen und Universitäten sieht, „welche enorme Kreativität und Innovationskraft junge Menschen mit Hilfe von Technologie entwickeln können".

Hannes Schwaderer

Intel

21

Seit 2009 ist Schwaderer Präsident der Initiative D21, Europas größter Public Private Partnership.

***1961**

1982
Betriebswirtschaftsstudium an der Berufsakademie Heidenheim

1986
Hutt EDV

1987
Kettler Consulting

1988
Computer 2000

1993
Intel

Fotos: Intel; DHBW

Schwaderer über …

… Frauen und IT

„Die Ursachen für die geringe Anzahl von Absolventinnen in technischen Berufen sind gesellschaftlicher Natur – und nicht in den Fähigkeiten und Talenten der Mädchen begründet. Es ist wichtig, die Mädchen zu informieren und ihnen zu zeigen, was Frauen in technischen Berufen täglich tun."

… erfolgreiche Organisationen

„Der langfristige Erfolg einer Organisation kann nur gesichert werden, wenn sie in der Lage ist, Marktgegebenheiten zu antizipieren und sich darauf einzustellen."

Medienkompetenz in deutschen Schulen

„Die Medienkompetenz-Vermittlung in Deutschland bedarf einer grundlegenden Verbesserung. Strukturelle Veränderungen sind notwendig, um Diskussionen und Zuständigkeiten zu verkürzen und inhaltlich arbeiten zu können."

2002
Intel-Country-Manager Deutschland und Österreich

2004
Geschäftsführer Intel Deutschland

2009
Präsident der Initiative D21

1990
AVM bringt den ersten aktiven ISDN-Controller auf den Markt

***1958**

1986
Gründung des eigenen Untehmens AVM

1989
NIll verkauft die erste ISDN-Karte

Mit **28** Jahren machte sich Nill selbständig.

Johannes Nill

AVM

So oder ähnlich beginnen viele Gründergeschichten: In einer Studentenbude – in dem Fall in Berlin – ruft Informatikstudent Johannes Nill zusammen mit drei Freunden sein Unternehmen AVM (Audiovisuelles Marketing) ins Leben. Noch heute sitzt er mit den Mitstreitern Peter Faxel und Ulrich Müller-Albring im Management der Firma. Ihre Vision war es, die damals neue ISDN-Technologie universell nutzbar zu machen. Das ist dem Trio gut gelungen. Die Fritz!Card und später die Fritz!Box sind auch Anfängern ein Begriff. AVM marschierte von Erfolg zu Erfolg und gehört heute zu den wenigen Anbietern, die es schaffen, in Deutschland konkurrenzfähig TK-Equipment herzustellen.

2004
Start der Fritz!Box

1995
Nill präsentiert auf der CeBIT die Fritz!Card

Johannes Nill ist Chef von mehr als 400 Mitarbeitern.

Firmenkultur

Begeisterung, Inspiration und Innovation sind die drei Pfeiler der Unternehmenskultur. Jeder künftige Mitarbeiter sollte sich damit identifizieren können, wenn er beim Berliner Unternehmen beginnen will.

Bitkom

Johannes Nill ist Mitglied des Hauptvorstands im Bundesverband Informationswirtschaft, Telekommunikation und neue Medien. Er sitzt im Ausschuss Innovation, Technologie und Industrie und berät die IHK in Berlin.

Mut

Mitte der 90er Jahre wollte eine Berliner Bank, die AVM-Gesellschafter war, ihre Anteile verkaufen. Es kam zum Eklat, die Bank setzte die drei Gründer ab, ein Verwalter übernahm die Geschäftsführung. Das Trio setzte alles auf eine Karte und kaufte die Anteile der Bank.

„Vadder Hopp" – nicht nur bei SAP kennt jeder den Selfmade-Milliardär, der zum Gründungsteam des Softwarekonzerns gehört. Der breiten Öffentlichkeit ist Dietmar Hopp (71) eher in seiner Rolle als Mäzen bekannt, der unter anderem dem Fußballclub **TSG Hoffenheim** finanziell den Weg ebnete.
Mit seiner 1972 in Walldorf bei Heidelberg gegründeten Firma Systemanalyse und Programmentwicklung – bekannt unter dem Namen **SAP** – verfolgte das Gründungsquintett um Hasso Plattner (Platz 1) und Dietmar Hopp die geniale Idee, betriebswirtschaftliche Logik in Software zu gießen. Bei IBM wird man sich nicht nur einmal gefagt haben, warum man dieses Team gehen ließ. Heute ist es zu einem Konzern mit 53.000 Mitarbeitern gewachsen.

Aufstieg, der erste: Die **SAP**-Gründer Dietmar Hopp, Hans-Werner Hector, Klaus Tschira und Hasso Plattner (von links) standen 1980 noch vor ihrem großen Durchbruch. Damals hatte SAP 77 Mitarbeiter.

Aufstieg, der zweite: Für den Sponsor Hopp war der Durchmarsch des Kreisligisten **TSG Hoffenheim** in die Fußball-Bundesliga ein großer Triumph.

1940

1960
Studium der Nachrichtentechnik, TU Karlsruhe

1965
Abschluss Diplomingenieur

1966
Systemberater bei IBM

1972
Gründung SAP

Fotos: SAP

Neun Jahre war Hopp alleiniger Vorstandschef, ein weiteres Jahr erledigte er diesen Job gemeinsam mit **Hasso Plattner** (Seite 8). SAP eilte von Erfolg zu Erfolg. Die mitarbeiterorientierte Unternehmenskultur galt lange als vorbildlich – auch wenn inzwischen Konzernstrukturen entstanden sind, die ihren Tribut fordern. Hopp prägt die Metropolregion Rhein-Neckar durch sein soziales, gesellschaftliches und sportliches Engagement wie kein Zweiter. Seine Stiftung, die zu den größten Europas zählt, stellte über 250 Millionen Euro für Projekte zur Verfügung. Am bekanntesten aber wurde Hopp durch sein sportliches Engagement. Neben dem Fußballclub TSG Hoffenheim unterstützt er die Eishockeyspieler von Adler Mannheim und die Handballer der Rhein-Neckar Löwen.

Dietmar Hopp

SAP-Gründer

Mehr als **300**

Millionen Euro investierte Hopp allein für die Krebs- und Alzheimer-Forschung.

1988
SAP wird AG; Gang an die Börse; Hopp alleiniger Vorstandschef

1995
Gründung der Dietmar-Hopp-Stiftung

1998
Vorsitzender des SAP-Aufsichtsrats

2005
Austritt aus dem SAP-Aufsichtsrat

Georg Nemetschek

Nemetschek AG

1963 machte sich Georg Nemetschek als Bauingenieur selbständig. Zur IT kam er als Anwender: Er suchte nach Lösungen, die es Ingenieur- und Architekturbüros wie seinem eigenen ermöglichten, effizienter zu planen. Tatsächlich trug Nemetschek-Software dazu bei, die Arbeit dieser Berufe zu revolutionieren.

2000

war das Jahr, von dem an Georg Nemetschek immer mal wieder in die Oper ging. Sein Hobby zuvor: „Arbeit, Arbeit, Arbeit".

***1934**

1958
Diplomingenieur Bauwesen, TH München

1963
Gründung Ingenieurbüro für das Bauwesen

1970

Berufung als Professor an die Fachhochschule München

1977
Aus dem Ingenie
büro wird ein So
wareplaner

Fotos: Nemetschek AG

Nemetschek über...

... seine größten beruflichen Erfolge

„Ein heute weltweit führendes Unternehmen aufgebaut zu haben, das Software entwickelt, um den am Planen, Bauen und Nutzen von Bauwerken Beteiligten alle relevanten Daten zu jeder Zeit und an jedem Ort in konsistenter Form zur Verfügung zu stellen und damit den ganzen Lebenszyklus von Bauwerken zu optimieren."

... die Fähigkeiten, die junge Unternehmer brauchen

„Denken im Ganzen und eine klare Vision. Kompetenz sowohl im Kerngeschäft als auch in Marketing und Vertrieb, Ehrgeiz und Fleiß."

... leere Tiefgaragen

„Ich wundere mich immer wieder darüber, wie leer die Unternehmens-Tiefgarage heute am Freitagnachmittag ist. Sind heute alle so viel besser als wir, die wir rund um die Uhr gearbeitet haben?"

980
AD-Programme für
agwerksplaner

1984
CAD-Programme für Architekten

1992
Entwicklung in Bratislava

1993
Facility-Man.-Systeme

1997
Gründung Nemetschek AG, Vorsitzender des Vorstands bis 2000

1999
Börsengang Nemetschek AG

2007
Gemeinnützige Nemetschek-Stiftung

6
Monate reichten
für den IT-Aufbau
der Allianz Bank.

Ralf Schneider

Allianz Gruppe

Mindestens zwei informationstechnische Großtaten hat Ralf Schneider für den Allianz-Konzern schon vollbracht: die Trennung von der Dresdner-Bank-IT nach dem Verkauf an die Commerzbank und die Zusammenfassung der Spartengesellschaften Sach, Leben und Kranken.

Was wollten Sie den IT-Herstellern immer schon sagen?

In jeder Situation und zu jeder Zeit möchte ich den Zugang zu unseren Daten selbst kontrollieren können. Unsere Daten geben wir auf keinen Fall aus der Hand.

Facebook gehört neben Google und Wikipedia zu Schneiders bevorzugten Websites.

Und Ihre Botschaft an Ihre Kunden in den Fachabteilungen?

Die komplexen und dynamischen Herausforderungen der Zukunft können Business und IT nur gemeinsam lösen. Das geht nur in einem partnerschaftlichen Verhältnis, in dem beide versuchen, sich in die Probleme des anderen hineinzudenken.

Warum muss ein CIO Humor haben?

Bei aller Dynamik und allem Zeitdruck, der auf der IT lastet, ist die Balance zwischen An- und Entspannung extrem wichtig.

Was ist das Besondere an Ihrem Job?

Keine Funktion hat so viele Anknüpfungspunkte zu anderen Bereichen wie die IT. Das Kuriose dabei ist: Die IT arbeitet dann exzellent, wenn sie nicht wahrgenommen wird, weil alle Systeme und Abläufe reibungslos funktionieren.

Rekordzeit

„Nur zehn Wochen vor Termin entschlossen wir uns aus technischen Gründen, das erste Allianz.de-Kundenportal auf einer anderen Plattform komplett neu aufzubauen. Ein großes Risiko, aber eine richtige Entscheidung. Wir konnten den Termin halten. Die Going-Live-Party hat den Großraum München mitbeschallt."

***1963**

1988 Mathematik- und Informatikstudium (Dr.)

1994 Fertigungsleiter Elektro-Metall-Ind.

1995 Wechsel zum Allianz-Konzern

2006 CIO Allianz Deutschland

2010 Group CIO Allianz SE

leitet die IT-Geschicke des Ingolstädter Autobauers Audi. Nicht nur das. Der studierte Maschinenbauer ist dran an den aktuellen IT-Themen, probiert Neues, ist in CIO-Kreisen aktiv. Seine IT-Projekte haben Signalwirkung und Vorbildfunktion (iPad-Einsatz in der Produktion). Straub hat die Audi -IT vom Dienstleister zum IT-Gestalter und -Partner umgebaut. Darauf ist er stolz. Und seine IT-Strategie überzeugt. Wie 2006 im CW-Wettbewerb „CIO des Jahres", den er souverän gewann.

Klaus Straub

Audi

35.441

Millionen Euro Umsatz machte der Ingolstädter Autobauer im Jahr 2010.

***1964**

1984
Studium Allgemeiner Maschinenbau, Uni Karlsruhe

1990
Berufsstart bei der Daimler Benz AG

1995
Leiter Abteilung Marketing-Softwareprodukte und -systeme bei AEG

Fotos: Joachim Wendler

Straub über ...

... IT-Hersteller

„Eine gute Partnerschaft zwischen Anwender und IT-Unternehmen besteht aus Nachhaltigkeit, Professionalität und Vertrauen."

... die Rolle des CIO

„Durch die geschäftsbereichsübergreifende und integrative Aufgabe des CIO ergeben sich besonderere Anforderungen hinsichtlich Komplexität im Unternehmen, Kernkompetenzen und einem gesamtheitlichen Geschäftsverständnis."

... schöne Berufserlebnisse

Während eines Geschäftstermins hatte ein IT-Partner die Gelegenheit, einen Audi R8 zu fahren. Das Fahrerlebnis gefiel Straubs Gast so, dass er sich direkt im Anschluss einen eigenen R8 kaufte.

Lieblings-Website: Financial Times Deutschland (www.ftd.de)

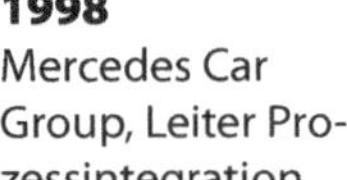

1998
Mercedes Car Group, Leiter Prozessintegration

2001
Daimler-Chrysler, Leiter HR-Systeme

2002
Siemens VDO Automotive Group, CIO

2004
CIO der Audi AG

2006
gewinnt CW-Wettbewerb „CIO des Jahres"

2010
Pilotprojekt zur Einführung des iPad in der Produktion bei Audi

Manfred Broy

Technische Universität München

Wundern kann sich der Professor mit dem Faible für Softwareentwicklung immer wieder – etwa wenn er als Gutachter Einblicke in schwierige Projekte erhält. „Was immer wieder verblüfft, ist, dass die offensichtlichsten Regeln und Prinzipien der Softwareentwicklung, des Managements und der Organisation von Softwareprojekten nicht befolgt werden – mit fatalen Folgen."

„Wissenschaft darf keine verlängerte Werkbank sein."

Verschnaufpausen bei Reisen, Musik, gutem Essen und Kabarett.

***1949**

1976
Diplom in Mathematik an der TU München

1980
Promotion an der TU München

1982
Habilitation TU München

1983
Professor Uni Passau, von der er 20 Jahre später den Ehrendoktor verliehen bekommt

1989
Professor TU München

Fotos: Eckert/Heddergott/TUM

101 junge Wissenschaftler haben bei Broy promoviert und habilitiert.

Wichtig für einen Wissenschaftler sind ... inhaltliche Eigenständigkeit und interessierte Distanz, Erarbeitung von innovativen Ansätzen, genaue Kenntnis zum Stand der Praxis sowie Engagement im Veränderungs- und Verbesserungsprozess.

Das Arbeiten in Deutschland ist ... vielfältig und fruchtbar; und ich schätze darüber hinaus die enge Zusammenarbeit mit der Praxis, ohne dass dabei die Grundlagen vernachlässigt werden müssen.

Eine Lieblings-Website ... habe ich nicht. Meine Haltung zum Internet ist emotionsfrei – rein auf Nützlichkeit ausgerichtet.

1994
Broy erhält den Gottfried-Wilhelm-Leibniz Preis .

2007
Konrad-Zuse-Medaille der Gesellschaft für Informatik

1992
Gründungsdekan der Fakultät für Informatik an der TU München

1996
Verdienstkreuz am Bande des Verdienstordens der Bundesrepublik Deutschland

„Focus on services and people."

Volker Smid spielt in seiner Freizeit gern Golf und segelt.

Volker Smid

Hewlett-Packard

Volker Smid hat die klassische Karriere hingelegt: Von einer spezialisierten IT-Firma (Prompt) zu einer kleinen IT-Firma (Poet) zu einer großen amerikanischen IT-Firma (PTC) zu einer bedeutenden IT-Firma (Novell) zu einem IT-Konzern: Hewlett-Packard. Hier gibt es alles, was das IT-Herz begehrt: Hardware, Software und Services, viel Hype und viel Substanz. Der golfende Wirtschaftsinformatiker aus dem Norden hat sich als Motto die Fabel von der Hummel gewählt, die nach physikalischen Gesetzen eigentlich nicht fliegen kann – aber gut, dass sie das nicht weiß. Daneben mag er schnelle Mitarbeiter, die bereit sind, Fehler zu riskieren, und offen im Umgang damit sind. „Vertrauen geht vor Kontrolle", lautet eines seiner Management-Prinzipien.

***1958**

2001
PTC: SVP
EMEA/APAC

2005
Novell: Manager CE

2006
Novell: President
Emea

2009

Geschäftsführer der
Hewlett-Packard GmbH

60

Nationalitäten finden sich unter den Mitarbeitern von Hewlett-Packard in Deutschland. Mehr als 11.000 Menschen arbeiten für unser Unternehmen in den Bereichen Vertrieb, Service, Marketing, Entwicklung, Produktion und Verwaltung.

0

Einer meiner größten beruflichen Erfolge: von einer Idee mit 0 Prozent Marktanteil, getragen von vier Leuten, zu einer GmbH mit 200 Mitarbeitern und zehn Prozent Marktanteil.

1990

Die erste Dienstreise nach Dresden im Januar 1990. Mit Interflug ohne Druckausgleich gelandet, Formalitäten und dann Unterkunft im Airport-Hotel: Sechs-Bett-Zimmer, in dem noch ein Bett frei war – das war dann meins. Später ein Abendessen mit einem lokalen Riesling, der damals für mich noch ungewohnte Geschmacksrichtungen hatte.

Winfried Materna und Helmut an de Meulen haben die Materna GmbH 1980 gegründet, und beide stehen noch an ihrer Spitze. Rund 850 Arbeitsplätze wurden in Dortmund geschaffen, 1300 europaweit. Für dieses Jahr hat die Firma erneut Wachstumskurs eingeschlagen. Meisterlich.

Jahre war Materna Aufsichtsratschef von Borussia Dortmund.

Winfried Materna

Materna GmbH

Ihr Lebensmotto lautet?

Ich versuche, ein Stück unseres Unternehmenserfolgs an die Gesellschaft zurückfließen zu lassen. Zudem bin ich bestrebt, immer wieder neue Menschen und Standpunkte kennen zu lernen.

Welcher Typ von Mitarbeiter gefällt Ihnen?

Unternehmerische und kreative Menschen, die etwas aus eigener Kraft erschaffen wollen, aber gleichzeitig auch offen genug sind, zu erkennen, wann Teamarbeit gefragt ist. Gerade in einem Dienstleistungsunternehmen brauchen Sie keine Einzelkämpfer, sondern Teamplayer, die sich gut mit anderen Menschen austauschen können.

Fotos: Materna GmbH

Was war Ihre wichtigste berufliche Entscheidung?

Eine Entscheidung, wäre sie positiv beschieden worden, hätte das Unternehmen maßgeblich verändert: Konkret haben wir uns um die Jahrtausendwende gegen einen Börsengang entschieden. Aus heutiger Sicht war dies eine sehr wichtige und gute Wahl.

Welche Management-Prinzipien haben Sie befolgt?

Das Vertrauen in die Mitarbeiter und die Delegation von Verantwortung sind meine Grundprinzipien. Und man muss Kritik einfordern.

Würdiger Gegner

„Anfang der 90er haben wir die Hardwareentwicklung aufgenommen und traten in Wettbewerb zu IBM – ein kühnes Unterfangen. Anwendungsspezifische integrierte Schaltungen (ASICs) wurden konstruiert. Unser Versuch, IBM Konkurrenz zu machen, ist technisch gelungen, aber vertrieblich gescheitert."

„Bill Gates von Dortmund" nannte Oberbürgermeister Ullrich Sierau Materna (hier beim Richtfest des Firmengebäudes 1996).

***1944**

1966 Studium der Mess- und Regeltechnik in Berlin

1978 Promotion in Informatik

1980 Materna GmbH

1997 Präsident IHK Dortmund

2008 Bundesverdienstkreuz

***1961**

1983 Xerox Corp.

2000 Gartner: President

2001 Siebel: EVP Sales

2002 SAP: President und CEO Americas und APAC

2008 Weltweiter Vertriebsvorstand der SAP AG

2010 Ernennung zum Co-CEO der SAP

Mit 

Jahren erhielt seine Abteilung den Malcolm Baldrige Award vom US-Präsidenten.

Foto: SAP AG, Wolfram Scheible

Bill McDermott

SAP

In der Doppelspitze von SAP verantwortet Bill McDermott die Unternehmensstrategie für alle Kundenprozesse sowie die Bereiche Vertrieb, Marketing, Kommunikation, Field Services (Beratung), strategische Unternehmensentwicklung und die Aktivitäten des SAP-Kunden- und Partnernetzes. Der studierte Betriebswirt war zwei Jahre zuvor zum Vertriebsvorstand aufgestiegen und in dieser Position Léo Apotheker gefolgt, der – für kurze Zeit – Vorstandssprecher wurde. Im Duett mit **Jim Hagemann Snabe** (Seite 34) an der Konzernspitze ist es McDermott gelungen, sowohl Ruhe als auch Aufbruchstimmung zu verbreiten. Beides hatte der Softwarekonzern dringend nötig gehabt.

Erfolg

„1. Ernennung zu einem von zwei SAP-CEOs im Februar 2010. 2. Besitz und Betrieb eines Delikatessenladens während der High School."

Prinzip

„Immer das Beste geben. Perfektion ist ein Rennen ohne Ziellinie."

Mitarbeiter

„Mir gefallen Menschen, die Verantwortung übernehmen, Talent haben und nicht davor zurückschrecken, ein Risiko einzugehen. Und solche, die ihren Traum verfolgen."

Motto

„Der wahre Maßstab für eine Person und eine Führungspersönlichkeit ist nicht das, was sie von dieser Welt nehmen – sondern das, was sie geben."

Tanz an die Spitze

„Ich musste eine Xerox-Akquisition schnell nach oben bringen. Der Schlüssel war, den Mitarbeitern zuzuhören. Sie brauchten Respekt, Anerkennung und wieder eine Weihnachtsfeier – unbedingt mit Tanz. Also engagierte ich den besten Salsa-Sänger. Im Jahr danach waren wir die Nummer eins. Ich wusste, sie schaffen es."

Peter Schaar

Bundesbeauftragter für den Datenschutz und die Informationsfreiheit

Inzwischen geben sich schon Telefonbetrüger als Datenschützer aus – das Thema ist also in der breiten Öffentlichkeit angekommen. Jahrelang wollte niemand etwas davon wissen, nun ist Peter Schaar ein gefragter Mann in den Medien. Er kämpft seit geraumer Zeit an vielen Fronten: Kriminalität, Wirtschaft, Gleichgültigkeit. Mal Sisyphos, mal Herkules. Kein Ende in Sicht.

„Peter Schaar: Big Brothers härtester Gegner." (FTD)

Buchtipp:
Das Ende der Privatsphäre
(Peter Schaar, 2007)

1986
Hamburgischer Datenschutzbeauftragter

***1954**

1979
Diplomvolkswirt, Uni Hamburg

6087

schriftliche Anfragen und Beschwerden erhielt der Bundesdatenschutzbeauftragte 2010.

Am stärksten verändert ... hat sich die technologische Basis und der gesellschaftliche Umgang mit der Informationstechnik in den vergangenen Jahren.

Als Kind wollte ich ... Kapitän werden.

Mein Lebensmotto ... ist Carpe diem.

Beruflicher Erfolg ... ist auch der Aufbau meines Beratungsunternehmens für den Datenschutz (PrivCom GmbH).

Meine Lieblings-Website ... ist die freie internationale Literaturdatenbank Project Gutenberg (www.gutenberg.org).

1994
Stv. Hamburgischer Datenschutzbeauftragter

2002
PrivCom Datenschutz GmbH

2003
Wahl Bundesdatenschutzbeauftragter

2004
Vorsitz Arbeitsgruppe der EU-Datenschützer

2008
Wiederwahl zum Datenschutzbeauftragten des Bundes

Mit weniger als 30 Jahren bringt er – nach einer negativen Erfahrung mit einer Insolvenz – 2006 sein Unternehmen Xing an die Börse. Drei Jahre später verkauft er seine Anteile für 48 Millionen Euro an Burda. Hinrichs ist mit Leib und Seele Unternehmer, beteiligt sich, gründet und sieht es heute als wichtige Aufgabe, Computerfreaks in die Selbständigkeit zu lotsen. Der technologiebegeisterte Hamburger hat mittlerweile über 8000 Follower bei Twitter und lässt sie an seinen Ideen teilhaben.

Lars Hinrichs

Xing-Gründer/ HackFwd

Genau 1 Tag lang hat es Hinrichs an der Uni Witten-Herdecke ausgehalten. Danach hat er seine akademische Karriere an den Nagel gehängt.

***1976**

1998
Projekt-Manager bei Lava

1999
Projekt-Manager bei IXL

2000
Gründer und CEO von Böttcher Hinrichs

Hinrichs über...

... Gründer

„Wir brauchen Viagra für mehr Entrepreneurship: Vorbilder, für die Unternehmertum interessanter ist als alles andere."

... die Insolvenz seiner ersten Firma

„Es war der teuerste MBA-Kurs der Welt. Ich habe mir danach 100 Dinge notiert, die schiefgelaufen sind."

... Geeks

„Es sind Computerfreaks, die Leidenschaft und Konzepte mitbringen. Sie basteln den Prototypen, entwickeln Updates, kommen auf den Markt und schaffen den Durchbruch. Sie bekommen Startkapital und geben dafür Anteile her, bisher sind es sieben Unternehmen."*

*Zitate aus einem Interview mit der ZEIT.

2003
CEO Cinco Capital

2003
Gründer und CEO von Open BC (heute Xing)

2009
Verkauf von Xing

2009
Gründer und Executive Geek von HackFwd

Foto: Xing, Hack Fwd

Ohne die Grundlagenforschung von Peter Andreas Grünberg gäbe es keine **Festplatten mit riesigem Speichervermögen**. 2007 wurde ihm gemeinsam mit Albert Fert der **Nobelpreis** in Physik verliehen. Erforscht haben die beiden Wissenschaftler unabhängig voneinander den GMR-Effekt (Giant Magneto Resistance).
Als Grünberg 1988 seine Ergebnisse zum ersten Mal auf einer wissenschaftlichen Konferenz in Le Creuzot in Frankreich vorstellte, reagierten der Kollegen ziemlich erstaunt und wie erwartet: ungläubig. „Das änderte sich erst, als wenige Vorträge später Albert Fert aus Paris seine Messdaten präsentierte. Er hatte zufällig denselben Effekt entdeckt und sogar an ähnlichen Materialien gemessen." Doch bis zu diesem Zeitpunkt

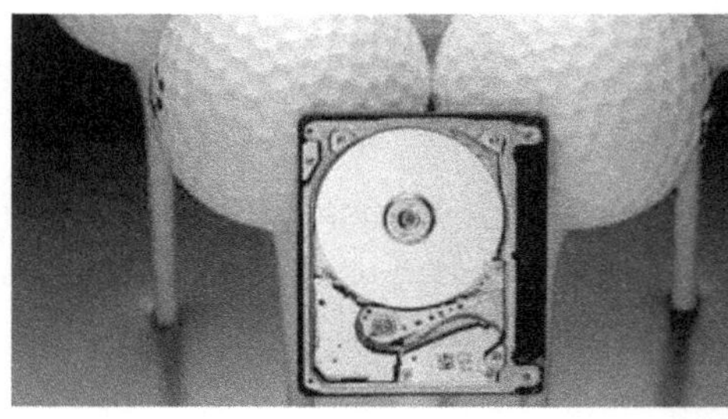

▶ **Festplatten mit riesigem Speichervermögen** sind mitunter kleiner als herkömmliche Golfbälle.

Schwedens König Carl Gustav verleiht Peter Grünberg 2007 den **Nobelpreis** für Physik.

„Ein Wissenschaftler sollte Neugier und Fleiß mitbringen"

***1939**

1966
Diplom in Physik an der TU Darmstadt

1969
Promotion Physik TU Darmstadt

1984
Habilitatio
Uni Köln

Fotos: Forschungszentrum Jülich; ddp images-AP

wussten die beiden Wissenschaftler nichts voneinander. „Wir wurden damals Freunde und sind es heute noch", erinnert sich Grünberg. Mit der Entdeckung des Riesenmagnetowiderstands-Effekts legten sie den Grundstein für den Forschungsbereich Spintronik, der den quantenmechanischen Spin der Elektronen für die Mikro- und Nanoelektronik nutzbar macht. Dank dieser Grundlagenforschung gelang es, leistungsfähige Lese-Schreib-Köpfe für Festplatten zu entwickeln. Das Forschungszentrum Jülich verlieh Grünberg im Jahr 2007 die erste Helmholtz-Professur.

Peter Grünberg

Nobelpreisträger und Helmholtz-Professor in Jülich

Spitzenforschung im Team

„Meine wissenschaftlichen Ergebnisse habe ich nicht alleine erarbeitet, sondern mit meinem **Team**. Dazu gehörte auch ein sehr **fähiger und gründlicher Techniker**. Ich glaube, durch unser Ausbildungssystem haben wir in Deutschland besonders gut ausgebildete Mitarbeiter. Das kommt der Forschung zugute."

1988
Arbeiten zum GMR-Effekt in Jülich

1992
Außerplanmäßiger Professor Uni Köln

1998
Forschungsaufenthalt Universität Sendai, Japan

2007
Nobelpreis Physik

2007
Erste Helmholtz-Professur Forschungszentrum Jülich

Klaus Plönzke

Plönzke Holding ....

Einmal Unternehmer, immer Unternehmer. Der 74-jährige gelernte IT-Fachmann rief einst das größte deutsche unabhängige Beratungshaus ins Leben. Seit dessen Verkauf 1999 gründet er fleißig weiter und etabliert gerade mit 1500 Mitarbeitern das größte virtuelle IT-Unternehmen.

Warum sind Sie Unternehmer geworden?

Ich wollte schon immer viel bewegen. Noch heute hat der Tag für mich viel zu wenig Stunden, um all das zu realisieren, was ich vorantreiben möchte. Unternehmer zu sein bedeutet für mich ein hohes Maß an Freiheit und Möglichkeiten. Ich habe stets unternehmerisch denkende Mitarbeiter gesucht.

Der Pferdesport liegt Plönzke am Herzen, so sehr, dass er einen Web-TV-Sender, ClipMyHorse.tv, gegründet hat.

Ein erfolgreicher Unternehmer braucht...

Leidenschaft, eine Vision und Durchhaltevermögen. Ich habe so manches junge Unternehmen in die Selbständigkeit begleitet. Diplome und Zertifikate haben da nie eine große Rolle gespielt. Viel wesentlicher waren Projekte und

***1936**

1955
Ausbildung zum Systemberater bei IBM

1969
Gründung des EDV-Studios Plönzke

1995
Verkauf des Unternehmens an CSC

1999
Rückzug vom Vorstandsvorsitz der CSC Ploenzke AG und Gründung der Plönzke Holding

2000
Initiator des Plönzke-Netzwerks

die Bereitschaft, aus Fehlern zu lernen, wieder aufzustehen und es besser zu machen. Ohne Kompetenz geht es nicht: Wer schlechte Leistungen verkauft, kann nicht langfristig erfolgreich sein. Unternehmertum ist harte Arbeit. Das wird heute über den medienwirksamen Erfolgsgeschichten über Internet-Firmen, die, kaum gegründet, schon für Milliardenbeträge verkauft werden, vergessen.

Die Sache mit dem Sack

„Wir hatten bei einer Großbank eine Applikation implementiert. Alles lief perfekt, bis 1000 Kunden ein Kontoauszug ins Haus flatterte, auf dem stand: ‚Hubert haut´s auf den Sack'. Ein humoristisch ambitionierter Entwickler hatte diese Testdaten eingebaut und vergessen zu entfernen. Wir mussten ihn sofort aus dem Projekt abziehen, um den Schaden zu begrenzen. Daraufhin verbesserte sich unser Test-Management erheblich. Hier zeigte sich der Wert einer guten Partnerschaft: Ist ein grundsätzliches Vertrauen da, führt ein Fehler nicht zum Abbruch der Beziehungen."

Nach der Schulzeit absolvierte Plönzke bei IBM eine Ausbildung zum Systemberater.

Mit 33 Jahren machte sich Klaus Plönzke mit seiner Unternehmensberatung selbständig.

Auf das Huhn gekommen: Plönzke mit seinem Präsent zum 25. Firmenjubiläum.

Der diplomierte Maschinenbauer Ralph Haupter hat im vergangenen Jahr an der Spitze von Microsoft Deutschland mit dafür gesorgt, dass der deutsche Markt für den Konzern zum zweitgrößten nach dem amerikanischen wurde. Dabei kam ihm sicher entgegen, dass Microsoft aus der Schusslinie gerückt ist, weil sich die Menschen derzeit lieber über soziale Netze und Datenschutz echauffieren. Betriebssysteme und Bürosoftware sind keine Aufreger mehr – Ausnahmen bestätigen die Regel.

Ralph Haupter

Microsoft Deutschland

„Menschen zu führen, heißt vertrauen."

Ralph Haupter spielt in seiner Freizeit Trompete, wenn er nicht zum Segeln joggt.

***1968**

1993
Vertrieb bei IBM

2005
Microsoft Mittelstands- und Partnergeschäft Emea

2008
COO Microsoft Deutschland

2010
Geschäftsführer Microsoft

Fotos: Microsoft; wikipedia/Árni Friðriksson

Haupter über ....

... Management-Prinzipien

„Menschen zu führen, heißt Vertrauen und Kompetenz neben sich zuzulassen – aber auch nachzufragen, wenn Antworten zu schnell gegeben werden."

... die wichtigste Entscheidung

„Im Mai 2010 haben wir ein großes Change-Projekt initiiert, durch das wir innerhalb weniger Wochen über 2000 Mitarbeiter bei Microsoft Deutschland organisatorisch, inhaltlich und mental fit gemacht haben für den ‚Sprung in die Cloud'."

... den bevorzugten Mitarbeitertypus

„Ich mag Menschen, die unternehmerisch denken, das scheinbar Selbstverständliche in Frage stellen und auch mal bereit sind, ihre Komfortzone zu verlassen."

... sein Lebensmotto

„In der Ruhe liegt die Kraft."

Gefangen

Im April 2010 saß die komplette Geschäftsführung von Microsoft Deutschland wegen des Ausbruchs des isländischen Vulkans Eyjafjallajökull über mehrere Tage in Redmond fest. Die Aschewolke legte zwar den Flugverkehr lahm, brachte die Microsoft-Manager aber weiter, so Haupter: „Dank Unified Communications konnten wir nachts unsere Meetings in der Heimat abhalten. Diese Situation war zwar ein ungewolltes, aber doch sehr effektives Teambuilding."

Michael Backes

Universität des Saarlandes

Kryptografie und Informationssicherheit sind die Themen, mit denen sich der junge Professor an der Universität des Saarlandes und als Fellow der Max-Planck-Gesellschaft in Saarbrücken beschäftigt. Seit diesem Jahr ist er auch Direktor des Center for IT Security, Privacy and Accountability (CISPA).

In welchen Produkten findet man Ihre Forschungsergebnisse?

Ein konkretes Produkt ist das digitale Verfallsdatum und die dazu gehörige Software X-pire!, mit der man zum Beispiel Fotos in sozialen Netzwerken mit einem Verfallsdatum versehen kann.

Welche Eigenschaft braucht ein Wissenschaftler unbedingt?

Ich knobele gern stunden- oder auch tagelang an interessanten Fragen. In der Informatik muss man ein hohes mathematisches Verständnis haben sowie Kreativität, um über unbekannte und ungewohnte Pfade zur Lösung zu kommen.

In den Spam-Ordner ...

weitergeleitet hatte Michael Backes unbeabsichtigt die E-Mail des Massachusetts Institute of Technology (MIT). Mit dem „TR35" zeichnet das renommierte Institut jedes Jahr die besten 35 jungen Forscher weltweit aus, die besonders herausragende Forschungsarbeiten vorweisen können.

Fotos: J Hardy Müller, Martin Langhorst

Ist Deutschland für einen Wissenschaftler attraktiv?

Einerseits genieße ich die Freiheit, Themen zu erforschen, die mich persönlich interessieren. Andererseits finde ich die enge Verzahnung von Forschung und Lehre spannend, weil man junge Menschen ausbildet, die später in der Wissenschaft bleiben oder in die Industrie wechseln.

Haben Sie Zeit für Hobbys?

Sport in allen Varianten ist mein größtes Hobby. Vor einiger Zeit habe ich wieder mit großer Begeisterung das Tennisspielen begonnen, weil man da die innere Anspannung so richtig in den Ball schmettern kann.

Jahren wurde er Informatikprofessor.

Der IT-Sicherheitsforscher beschäftigt sich mit ungewöhnlichen Attacken und der Frage, wie Bildschirme ausspioniert werden können.

***1978**

2001
Diplom Informatik Universität des Saarlandes

2002
Promotion Informatik, Diplom Mathematik

2002–2005
Forschung IBM Zürich

seit 2006
Professor Universität des Saarlandes

2009
„TR35" des MIT

2011
Direktor des CISPA, Saarbrücken

Regine Stachelhaus war – zumindest in Deutschland – lange Zeit die Vorzeige-Lady der Emanzipations-Jüngerinnen. Irgendwie passte da vieles: Sie ist verheiratet – und das ohne erkennbare Anhaltspunkte, diese Verbindung könnte unglücklich sein. Die Juristin legt Wert darauf, dass ihr Ehemann und ihr Sohn glücklich sind, wie sie in einem Interview betonte. Mit ihrem Mann, einem Musiker, teilt sie die Leidenschaft für das Motorradfahren und Oldtimer. Eine der bemerkenswerten Eigenschaften der Tochter eines langjährigen Oberbürgermeisters von Böblingen ist es, sehr direkte Antworten zu geben. Auf die Frage, wie der in ihrem Privatleben erfahrene Rollentausch – sie beruflich erfolgreich, ihr Ehemann Hausmann – von beiden erlebt wurde, sagte Stachelhaus, für

„Für die IT-Karriere braucht man Durchhaltevermögen. Man muss mit Rückschlägen umgehen können. Mein Tipp: Aufstehen, zweimal schütteln und weitermachen."

Als **Managerin des Jahres 2005** wurde Regine Stachelhaus, damals noch HP-Geschäftsführerin, von Ulrike und Albert Detmers, geschäftsführende Gesellschafter der Großbäckerei Mestemacher, ausgezeichnet.

▶ **Gruppenbild mit Dame:** In den Vorstand des größten Energieversorgers Eon ist Regine Stachelhaus 2010 als erste Frau eingezogen. Dort verantwortet sie Personal, Einkauf, IT und Recht.

Foto: Andreas Pohlmann/Eon; HP

sie sei das schwieriger gewesen. Sie musste sich daran gewöhnen, dass ihr heute 22 Jahre alter Sohn lieber vom Vater als von der Mutter gewickelt werden wollte.

Die Vorzeigefrau unter den Managerinnen in Deutschland weiß um die Unterschiede männlichen und weiblichen Kommunikationsverhaltens – im Zweifelsfall verschafft sie sich in männlich dominierten Runden auf tradierte Weise Gehör. Sie zitiert Angela Merkel schmunzelnd, die dafür plädierte, Frauen fünf Minuten mehr Redezeit zu geben – denn in den ersten Minuten schauten Männer nur auf Frisur und Kleidung. Bei allem ungekünstelten Charme ist Stachelhaus kompetent, humorvoll, vertrauenswürdig. Und sie weiß genau, was sie will. Im Privaten wie im Beruflichen.

Regine Stachelhaus

Eon

***1955**

1974 – 1983 Studium der Rechtswissenschaften

1982 Rechtsanwältin Sozietät Raich & Koll.

1984–2008 HP Deutschland Einstieg als Syndikusanwältin, dann verschiedene Führungspositionen

2000 Geschäftsführerin HP

2009 Geschäftsführerin Unicef Deutschland

2010 Vorstandsmitglied E.on

***1954**

1972
Industrie-
kaufmann

1980
Studium Betriebs-
wirtschaft

1980
Deutsche
Messe AG

1986
CeBIT-
Projektleiter

1990
Prokurist Deutsche
Messe AG

1995
Vorsitzender IF
Design

2000
Vorstand CeBIT
der Deutschen
Messe AG

Ernst Raue

Deutsche Messe

Nach Jahren des Kämpfens und Transformierens konnte „Mr. Cebit" in diesem Jahr durchatmen. Ernst Raue hat es geschafft, die weltweit größte ITK-Messe neu auszurichten und wieder zu einem echten Publikumsmagneten zu machen, nachdem in den Jahren zuvor Wirtschaftskrise und Strukturwandel auch an der CeBIT nicht spurlos vorbeigegangen waren.

Raue ist mit der Messe „groß geworden". Er begann im Gründungsjahr 1986 als Projektleiter und ist seit 2000 im Messevorstand für dieses wichtige Branchenereignis verantwortlich. Dabei helfen ihm seine hervorragenden Fähigkeiten als Netzwerker: Raue kennt die Wichtigen der IT-Branche und schafft es jedes Jahr, die meisten von ihnen nach Hannover zu holen.

Die CeBIT...

ist so groß, dass sie auf kein anderes Gelände der Welt passt, sondern nur auf das in Hannover, betont Raue. Im Gegensatz zu vielen anderen IT-Messen habe die CeBIT alle Umstrukturierungen der Branche überlebt. Sie sei um ein Mehrfaches größer als die Unterhaltungselektronikmessen CES in Las Vegas oder die Internationale Funkausstellung in Berlin. Keine andere Messe decke die ganze Breite der IT- und Unterhaltungselektronik-Industrie so ab wie die CeBIT.

Das Messegeschäft ...

ist viel volatiler geworden, muss Raue zur Kenntnis nehmen. Manche Aussteller melden sich noch eine Woche vor dem Messestart an, früher war neun Monate vor Messebeginn Anmeldeschluss.

Oldtimer...

sind seine große Leidenschaft. Raue besitzt mehrere und fährt auch Rennen. Allerdings reicht heute seine Zeit nicht mehr, um selbst an diesen Autos herumzuschrauben.

Oldtimer-Fan Ernst Raue mit Lebensgefährtin Gisela Strnad.

*1945

1959
Ausbildung zum Einzelhandelskaufmann und Verkäufer

1959
Abschluss der Volksschule

1964
Verkäufer und Abteilungsleiter bei Fröschl

1968–1979
Verkäufer und Abteilungsleiter bei FEG

„Lächele mehr als andere."

Leopold Stiefel

Media-Saturn

Als 1979 der erste Media Markt in einem Münchner Industriepark seine Türen öffnete, revolutionierten Leopold Stiefel und seine Mitgründer Erich und Helga Kellerhals sowie Walter Gunz den Verkauf von Elektrogeräten. Denn anders als die Konkurrenz boten die pfiffigen Gründer ihre Waren wie in einem Supermarkt an. Egal ob Fernseher, Hifi-Anlagen, Spülmaschinen oder Schallplatten – alles gab es dort in großer Auswahl. Stiefel hatte als Verkäufer von Radiogeräten angefangen und ist heute Gesellschafter und Aufsichtsrat der Media-Saturn-Gruppe in Ingolstadt. Die Erfolgsgeschichte der Elektromärkte zeigt, dass die richtige Idee wichtiger ist als ein Studium oder MBA.

bis 2006
Vorsitzender der Geschäftsführung der Media-Saturn-Holding GmbH

1979
Mitbegründer von Media Markt

Foto: Media-Saturn-Gruppe

Management-Prinzip

Nach seinem wichtigsten Management-Prinzip befragt, zitiert Leopold Stiefel keinen Satz aus dem Lehrbuch, sondern verrät sein eigenes Erfolgsrezept, nämlich „Teambildung durch kollegiale Führung". Darunter versteht der erfolgreiche Unternehmensgründer: „Andere groß machen und sich selbst klein machen."

Mitarbeiter

„Mir gefallen am besten dynamische, kreative Mitarbeiter mit Unternehmergeist und selbständiger Arbeitsweise."

Motto

Das Lebensmotto von Leopold Stiefel lautet frei nach Kant: Behandle Menschen immer so, wie du selbst behandelt werden möchtest!

Golf und Motorsport sind Stiefels Hobbys.

Thomas Lünendonk gab dem vielleicht wichtigsten Orientierungsdokument der IT-Branche seinen Namen. Seit 1984 zählen die Lünendonk-Listen jährlich die umsatzstärksten Anbieter in den IT-Segmenten auf. Die Marktübersichten wurden zur Grundlage der heutigen Lünendonk GmbH. Die Idee dazu hatte – darauf legt der Namensgeber Wert – ▶ Heinz Streicher. Er wollte die aufstrebende IT-Branche Anfang der 80er Jahre transparenter in der Öffentlichkeit darstellen. Wie ernst die Listen genommen werden, erfuhren die Analysten Ende der 90er Jahre auf rustikale Art. Ein vom Internet-Boom hochgespültes Unternehmen versuchte, sich in das Ranking einzuklagen. Lünendonk kämpfte um die Neutralität und gewann. Um die Firma vor weiteren existenzgefährdenden Zugriffen zu schützen, wurde die GmbH gegründet.

▶ Heinz Streicher (links, 25-jähriges Firmenjubiläum 2008) war in den 80er Jahren bei SCS beschäftigt. Später stieg er bei Lünendonk ein und ist bis heute dort Chefanalyst.

Gedanken
auf dem Rad
im Gegenwind

▶ Lünendonk-Lyrik: Eine Auswahl der Werke bietet der Gedichtband „Gedanken auf dem Rad im Gegenwind".

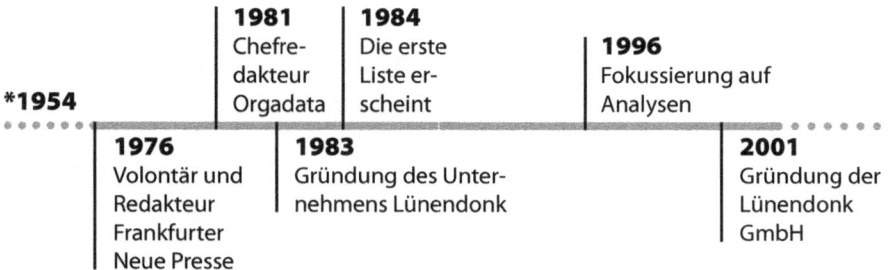

***1954**

1976 Volontär und Redakteur Frankfurter Neue Presse

1981 Chefredakteur Orgadata

1983 Gründung des Unternehmens Lünendonk

1984 Die erste Liste erscheint

1996 Fokussierung auf Analysen

2001 Gründung der Lünendonk GmbH

Einen tragischen Einschnitt gab es 1996. Damals verstarb überraschend Lünendonks langjähriger Kompagnon Lothar Mäusl. Innerhalb eines Tages gab Lünendonk das Beratungsgeschäft auf, um sich auf die Marktforschung zu konzentieren. Nahezu alle Kunden blieben ihm treu. 2010 absolvierte die Tochter von Mäusl ein Praktikum bei den Analysten. „Ein bewegendes Erlebnis“, räumt der Firmenchef ein.

Die Leitung des Unternehmens hat er mittlerweile seinem Schwiegersohn übertragen. Der Gründer selbst konzentriert sich jetzt auf Beratung. Gemeinsam verfolgen sie das Ziel, für jedes relevante B2B-Marktsegment eine eigene Liste zu erstellen.

Thomas Lünendonk

Lünendonk GmbH

Gedanken im Gegenwind

Themen, Technik, Tempo – das Beratungsgeschäft wandelt sich ständig. Seit mehr als 25 Jahren setzt Lünendonk mit seiner ▶ Lyrik der Branchenhektik Entschleunigungs-Zeichen entgegen. Geschäftspartnern, Freunden und der Familie sendet er regelmäßig lyrische Weihnachtsgrüße.

***1974**

Ende der 1990er Jahre
Studium der Informatik an der Humboldt-Universität Berlin

2005–2011
Wissenschaftliche Mitarbeiterin in der Arbeitsgruppe Informatik an der HU Berlin

„Wir sollten nicht wie die Lemminge auf den Abgrund zulaufen. Wir bestimmen selber, wie wir mit Technik umgehen und wie viel wir etwa in Facebook eingeben."

Constanze Kurz

Chaos Computer Club

So jemanden wie Constanze Kurz suchen die USA möglicherweise händeringend. Die Dissertation der Frontfrau des Chaos Computer Clubs (CCC) handelt nämlich von Wahlen via Computer. Damit haben die Amis bekanntermaßen so ihre Probleme gehabt.

Die öffentliche Stimme des CCC ist nicht nur seit Februar 2010 mit ihrer Kolumne „Aus dem Maschinenraum" in der „Frankfurter Allgemeinen Zeitung" vertreten. Sie gehört auch der Enquete-Kommission „Internet und digitale Gesellschaft" an. Die Kommission berät über die Auswirkungen des Internets auf Politik und Gesellschaft. Kurz trat zudem als technische Sachverständige beim Bundesverfassungsgericht zum Thema Vorratsdatenspeicherung auf.

2010
Seit Februar Kolumne in der FAZ

2011
„Die Datenfresser". Buch über die Datensammelleidenschaft von Firmen

2009–2010
Technische Sachverständige zur Vorratsdatenspeicherung beim Bundesverfassungsgericht

2010
Mitglied der Enquete-Kommission Internet und digitale Gesellschaft

0

Facebook-Accounts unterhält Constanze Kurz unter ihrem richtigen Namen. Bei mehreren sozialen Netzwerken firmiert sie jedoch unter Pseudonym, weil dies Teil eines Forschungsprojekts ist.

1

Monopolist dominiert die sozialen Netze nach Meinung von Kurz, und das ist Facebook. Es gibt keinen Markt der sozialen Netze mehr, sondern „einen dominierenden, allwissenden, sich auf allen Web-Seiten ausbreitenden Monopolisten", sagte die CCC-Sprecherin im „Planet"-Interview.

241

Personen gefällt auf Facebook der Chaos Computer Club.

233

Personen gefällt auf Facebook der Bundesnachrichtendienst.

*1963

1988
Mannesmann

1990
MannesmannD2

1997
Mannesma
Mobilfunk

Als Mitarbeiter Nummer **60** begann Joussen bei Mannesmann D2.

Fotos: Vodafone

Friedrich Joussen

Vodafone

Wie wenige in dieser Republik kennt der 48-jährige Elektroingenieur und Absolvent der renommierten Rheinisch-Westfälischen Technischen Hochschule (RWTH) in Aachen das Mobilfunkgeschäft. Seit über 20 Jahren bekleidet Joussen unterschiedliche Management-Funktionen – zuerst bei Mannesmann Mobilfunk und jetzt in der Nachfolgeorganisation Vodafone. Sein großer Vorteil: Als Inhaber mehrerer Patente kann er mit seinen Technikern auf Augenhöhe reden. Und als erfahrener Manager kann er sowohl rechnen als auch Menschen für seine Ideen begeistern. Nicht umsonst engagiert sich Joussen gerne in Vereinen, in denen es um die Förderung junger Talente geht.

2001
Vodafone Gruppe

2003
COO Vodafone Deutschland

2005
Geschäftsführer Vodafone Deutschland

Netze

„Wenn wir heute einen Euro frei haben, investieren wir ihn lieber in den Mobilfunk statt ins Festnetzgeschäft."

SMS

„Sie ist etwas Besonderes für mich. Ursprünglich konnte dieses technische Signal nur innerhalb eines Netzes verwendet werden. Wir haben vor einigen Jahren ein Drehkreuz geschaffen, das die SMS auf alle Zielnetze im In- und Ausland verteilte, und daraus ein erfolgreiches Massengeschäft gemacht."

Marktregulierung

„Im Festnetz gibt es zu viele alte Zöpfe; da bremsen die Bewahrer des alten Staatsmonopols viele Investitionen. Ich vermisse den politischen Plan, wie das Festnetz in fünf Jahren auszusehen hat. Welche Rolle spielen dabei die Kabelbetreiber? Wie viele Wettbewerber dürfen es denn sein? Oder soll es wieder ein Monopol geben? Es mangelt bei der Deutschen Telekom an Transparenz." (Statements teilweise aus „Focus" und „FAZ")

1981
Promotion Informatik Universität Hamburg

1987
Gastprofessor Berkeley, USA

2001
Deutscher Zukunftspreis

***1953**

1977
Diplom in Informatik Universität Hamburg

1982
Professor Universität des Saarlands

1988
Gründungs-direktor DFKI

2003
Mitglied der Königlich-Schwedischen Akademie der Wissenschaften

Wolfgang Wahlster

Deutsches Forschungszentrum für Künstliche Intelligenz (DFKI)

Fotos: DFKI

Der 58-Jährige zählt zu den profiliertesten Forschern über Künstliche Intelligenz und Computerlinguistik. 1988 wurde er zum wissenschaftlichen Gründungsdirektor des Deutschen Forschungszentrums für Künstliche Intelligenz (DFKI) in Saarbrücken ernannt. Inzwischen gehört das Forschungszentrum zu den bedeutendsten seiner Art weltweit. Zahlreiche Ehrendoktortitel sowie Preise wie der Deutsche Zukunftspreis oder das Bundesverdienstkreuz wurden Wahlster verliehen. Der Wissenschaftler wurde zum Mitglied der Königlich-Schwedischen Akademie der Wissenschaften in Stockholm berufen, die die Nobelpreise vergibt. Die Nähe zur Wirtschaft ist dem Wissenschaftler wichtig, denn nur gemeinsam lassen sich die besten Ideen in marktfähige Innovationen verwandeln.

Fußball-WM 2006

„Wir hatten die erste Antwortmaschine für das Web entwickelt, die auf dem Handy Fragen zum Fußball beantwortete. Als der Geldgeber zum Test kam, stellte er eine Opernfrage: Wer sang 2005 die Titelrolle in ‚La Traviata' bei den Salzburger Festspielen? Mir stockte der Atem, und ich war überwältigt, als unser SmartWeb-System ‚Anna Netrebko' antwortete."

Herr der Roboter: Wahlsters Forscher entwickelten die sensible Roboterfrau Aila, die bis zu acht Kilo schwere Waren aus Regalen holen kann. Sie sorgten auch dafür, dass der japanische Roboterhund Aibo Deutsch versteht.

29...

Jahre alt war Wahlster, als er auf einen Lehrstuhl für Informatik an der Universität des Saarlandes berufen wurde. Nach Studium der Informatik und Theoretischen Linguistik sowie Promotion in Informatik mit der Note „summa cum laude" an der Universität Hamburg zog es ihn nach Saarbrücken.

800...

Wissenschaftler forschen am von Wahlster gegründeten Deutschen Forschungszentrum für Künstliche Intelligenz. Mit Standorten in Saarbrücken, Kaiserslautern, Bremen und Berlin etablierte es sich weltweit zum größten Forschungszentrum für Künstliche Intelligenz.

36...

Millionen Euro warb das Forschungszentrum allein 2010 an Drittmitteln ein. Die Wissenschaftler kommen ohne staatliche Grundfinanzierung aus.

Karl Liebstückel

DSAG

Karl Liebstückel ist ehrenamtlich tätig: als Vorstandsvorsitzender der Deutschsprachigen SAP-Anwendergruppe (DSAG). Er sitzt zwischen den Stühlen und kennt doch beide Seiten mit ihren Anforderungen und ihrem Potenzial. Kooperation statt Konfrontation, sonst geht nichts voran.

Warum engagieren Sie sich in der DSAG?

Einerseits kenne ich durch meine Projekterfahrung die Anforderungen der Unternehmen an SAP. Andererseits kenne ich als ehemaliger SAP-Mitarbeiter die Möglichkeiten, die SAP hat, um diesen Anforderungen entgegenzukommen. Deshalb sehe ich meine Hauptaufgabe darin, eine Brücke zu bauen – und zwar immer wieder, jeden Tag –, damit beide Seiten gemeinsam erfolgreich sind.

Brauchen Sie ein dickes Fell?

Im Normalfall nicht. Glücklicherweise stoßen wir sowohl auf operativer als auch auf strategischer Ebene des Managements in der Regel auf offene Ohren für die Anliegen der Anwender.

Und im Nicht-Regelfall?

Die Auseinandersetzung mit der SAP um optionale Wartungsmodelle und das Thema Enterprise Support bildete natürlich eine Ausnahme.

Mit welchen Methoden dringen Sie bis zum SAP-Vorstand vor?

Beharrlichkeit, Ausdauer, Überzeugungsarbeit, Zusammenschluss mit anderen Verbänden, Öffentlichkeitsarbeit, Einbindung von CIOs sowie mit anderen Maßnahmen. Aber glücklicherweise ist SAP auch auf Vorstandsebene in der Regel sehr offen und gesprächsbereit. Ausnahme: siehe oben.

Stetige Verbesserung

„Als besonderen Erfolg werte ich die gemeinsame Initiative ‚Continuous Improvement' mit SAP. Verbesserungen in bestehenden Release-Ständen erzielen eine weitaus höhere Akzeptanz als Versprechungen für künftige Releases, die beim Kunden erst in fünf Jahren oder noch später zum Einsatz kommen."

Arbeitskreisen engagieren sich die DSAG-Mitglieder.

***1959**

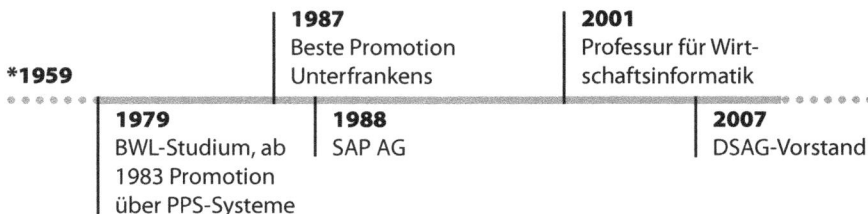

1979
BWL-Studium, ab 1983 Promotion über PPS-Systeme

1987
Beste Promotion Unterfrankens

1988
SAP AG

2001
Professur für Wirtschaftsinformatik

2007
DSAG-Vorstand

Rösners Nickname im OGame ist „Legor".

„Eines meiner Hobbys sind natürlich Browser-Spiele."

Alexander Rösner

Gameforge

Noch ist Alexander Rösner kein Seriengründer, aber immerhin hat er schon zwei Unternehmen erfolgreich mit in den Markt gebracht. Rösner war Vorstand beim Web-Hoster Schlund+Partner, der heute zur 1&1 Internet AG gehört. Sein aktuelles Unternehmen nutzt den Trend zum Casual Gaming – mal kurz zwischendurch ein Browser-Spiel, zur Ablenkung und bei kleiner Lernkurve. Die Basis des Erfolgs bildete das Weltraumspiel „OGame", das von Rösner programmiert wurde und zeitweise über zwei Millionen Spieler hatte. Insgesamt kommt Gameforge auf über 200 Millionen registrierte Accounts, die von mehr als 450 Mitarbeitern betreut werden. Der Informatiker Rösner ist heute noch in der Produktentwicklung aktiv.

Fotos: Gameforge

*1969

1998
Geschäftsführer 1&1 Puretec GmbH

1998
Mitgründer Schlund+Partner AG

2002

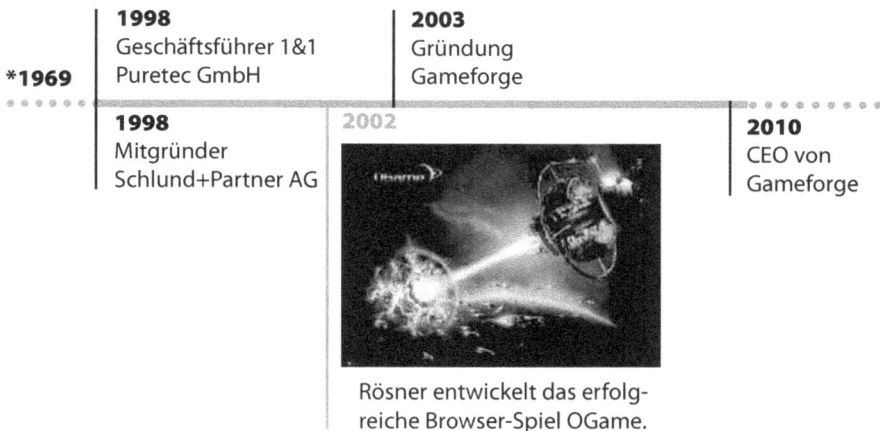

Rösner entwickelt das erfolgreiche Browser-Spiel OGame.

2003
Gründung Gameforge

2010
CEO von Gameforge

Vertrauen ist besser

„Bei uns herrscht Vertrauensarbeitszeit – es ist erlaubt, während der Arbeitszeit zur (kostenlosen) Massage zu gehen oder Tischtennis zu spielen. Dafür erwarten wir, dass Mitarbeiter ihre Projekte pünktlich abschließen."

Hard Skills

„Marktkenntnis, Produktgespür, kaufmännische Fähigkeiten. Im Online-Bereich darf gerne auch noch eine Neigung zur Analyse von Web-Metrics hinzukommen."

Erfolge

„Mein erstes Unternehmen erfolgreich (mit-)aufgebaut und verkauft und mein zweites Unternehmen zu einem Marktführer entwickelt zu haben."

***1952**

1978
Richter am Landgericht Darmstadt/ Mitglied im hessischen Landtag

1980–1994
Rechtsanwalt

1994
Staatssekretär im hessischen Wirtschaftsministerium

1999
Mitglied der GF Colt Telecom

2001
Präsident Bundesnetzagentur

Matthias Kurth

Bundesnetzagentur für Elektrizität, Gas, Telekommunikation, Post und Eisenbahnen

Lebensmotto des in Heidelberg geborenen Kurth ist ein lateinisches Zitat: „Fortiter in re, suaviter in modo". Mit „Stark in der Sache, milde in der Art" lässt es sich übersetzen. Als Präsident der Bundesnetzagentur hat er in den vergangenen zehn Jahren maßgeblich die Vergabe der Frequenzen für den Mobilfunk betreut und so den Wettbewerb belebt. War sein Amt anfangs auf Telekommunikation und Post beschränkt, zählen seit 2005 auch die Märkte für Elektrizität, Gas, und Eisenbahnen zum Aufgabengebiet.

Traumberuf

Lassen sich Träume und Beruf vereinbaren? Da war sich Matthias Kurth schon als Kind nicht so sicher. Studiert hat er Rechtswissenschaften und Volkswirtschaftslehre an der Universität Frankfurt am Main. „Ich habe dann immer mal getestet, was Spaß macht. So bin ich bei der Netzagentur gelandet."

Peter Schnell

Mitgründer der Software AG

Peter Schnell ist ein Beispiel dafür, dass man auch Gutes tun kann, ohne viel darüber zu reden. Bis zu 25 Millionen Euro fließen aus den Stiftungen des Software-AG-Gründers jedes Jahr in wohltätige Projekte.

Schnell... widmet sich heute ausschließlich seiner Stiftungstätigkeit. Die Gelder fließen in Erziehungs-, Bildungs-, Jugendhilfe-, Alten- und Behindertenhilfeprojekte. Hierfür wurde dem Anthroposophen 2009 das Bundesverdienstkreuz durch den damaligen hessischen Ministerpräsidenten Roland Koch verliehen.

Bahnbrechend war seinerzeit Schnells Entwicklung des Datenbank-Management-Systems Adaptable Database System (Adabas) für die IBM- und Siemens-Großrechnerwelt. Die Hochleistungs-Datenbank wurde später unter anderem auch auf Unix-, Linux- und Windows-Systeme portiert.

25.000.000

Euro fließen aus der Software-AG-Stiftung jährlich in verschiedene Projekte.

Rolf Schwirz

Fujitsu Technology Solutions

Der Fußball-Liebhaber und FC-Bayern-Fan schätzt auf dem Platz wie im Job Teamplayer, die alles geben. Kein Wunder: Schwirz ist selbst ein Kämpfer – allerdings einer, der kommunizieren kann und einen weichen Kern hat. Umso schwieriger waren für ihn die vergangenen Wochen: Das verheerende Erdbeben in Fukushima traf viele seiner engsten Mitarbeiter und Freunde.

„Mein Lebensmotto ist: Never give up – never."

Deutschland – Holland

Als junger Vertriebsbeauftragter lud Schwirz einen potenziellen Kunden zum **WM-Qualifikationsspiel nach Rotterdam** ein. Nach dem Spiel war der vor dem Stadion geparkte neue BMW des Kunden komplett **orange eingefärbt.** Aus diesem Erlebnis erwuchs trotzdem eine lange und erfolgreiche Geschäftsbeziehung.

***1959**

1983
Systemberater Flachglas AG

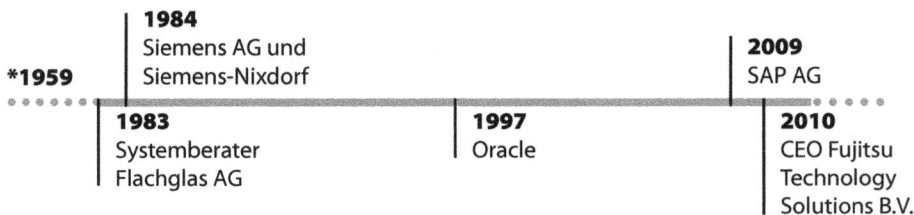

1984
Siemens AG und Siemens-Nixdorf

1997
Oracle

2009
SAP AG

2010
CEO Fujitsu Technology Solutions B.V.

Für mehr als

13.000

Mitarbeiter in Zentraleuropa, dem Mittleren Osten, Afrika und Indien ist Schwirz verantwortlich.

Meine größten beruflichen Erfolge ... habe ich stets mit Kolleginnen und Kollegen im Team erzielt.

Die wichtigste Entscheidung, ... die ich für das Unternehmen getroffen habe, war, frühzeitig umfangreiche Investitionen in unsere Computerfabrik in Augsburg getätigt zu haben. Für unsere Kunden ist das einer der wichtigsten Entscheidungsgründe für den Kauf unserer Computer.

Mein wichtigstes Management-Prinzip ist: ... Verlange nie etwas von Mitarbeitern, was du selbst nicht bereit bist zu tun.

Mir gefallen am besten Mitarbeiter, ... die sich trauen, Entscheidungen zu treffen und somit einen Fortschritt für das Unternehmen erzielen.

Auch ein Manager muss mal ausspannen: Schwirz in Südtirol.

Ob in Bolivien oder Litauen, Schwirz weiß, wie die Vereinsmannschaften spielen – dank seiner Lieblings-Website www.livescore.com.

Michael Neff

RWE

Vor großen Aufgaben hat Michael Neff keine Angst. Als er vor elf Jahren als CIO bei den Heidelberger Druckmaschinen anfing, liefen dort in weltweit 175 Niederlassungen etwa 7000 verschiedene Softwareprodukte. Neff standardisierte das Ganze, Geschäftsprozesse und Produkte verbesserten sich. Heute zieht er bei RWE die Fäden in der IT.

große und erfolgreiche Unternehmen buhlten um Michael Neff, CIO des Jahres 2005, als neuen IT-Chef.

***1954**

1986
Hoechst AG

2000
Heidelberger Druckmaschinen AG

2005
CIO des Jahres

2011

RWE AG

Fotos: Joachim Wendler, RWE

Neff über ...

... Erfolg

„Eine IT-Organisation muss eine Erfolgsplanung haben. Es muss Leistungen im Unternehmen geben, die man eindeutig der IT zuordnen kann."

... Hersteller

„Ich würde mir wünschen, dass IT-Hersteller ihre Vertriebsstrukturen und -kampagnen nach der spezifischen (IT-)Situation beim Kunden differenzieren. Wo bleibt das individualisierte Kunden-Lieferanten-Portal für schlanke und automatisierte Kommunikation und Abwicklung zwischen IT-Lieferanten und ihren strategischen Kunden?"

... die CIO-Perspektive

„Der CIO hat einen ganzheitlichen Blick auf das Unternehmen. Er steht im Spannungsfeld von Technologie, Prozessen, Menschen und Risiken. Es ist seine Herausforderung, ein Win-Win zwischen Anwendern, Topmanagement, IT-Organisation und IT-Partnern herzustellen."

Neulich im ... Flugzeug

„Wir in der IT verstehen nicht, warum man nicht alle Bankkonten eines Konzerns auf Knopfdruck auf dem Bildschirm hat", sagte ich im Flugzeug zu meinem Nachbarn, dem Chief Financial Officer eines großen Konzerns. „Dann könnte man das Währungsrisiko gut managen." „Dann müsste ich ja selbst über die Währungsabsicherung entscheiden", antwortete der CFO. „Dafür mache ich lieber die Landes-CFOs verantwortlich. So tragen die das Risiko."

Oliver Tuszik

Computacenter

„Wir müssen die IT sexy machen" – so der leidenschaftliche Appell des Systemhaus-Managers. Um guten Nachwuchs für die Computerbranche zu gewinnen, stellt sich Tuszik schon mal auf die Bühne und rührt die Werbetrommel. Für den 43-jährigen Elektrotechniker ist voller beruflicher Einsatz selbstverständlich und gesellschaftliches Engagement ebenso.

„Mein Lebensmotto: Zu jedem Problem gibt es eine Lösung."

Steiler Aufstieg: In 13 Jahren schaffte es Tuszik vom Account Manager zum CEO.

***1967**

1995
Account Manager Compunet (heute Computacenter)

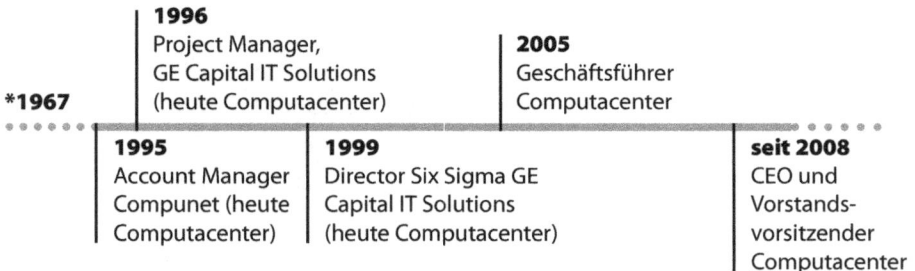

1996
Project Manager, GE Capital IT Solutions (heute Computacenter)

1999
Director Six Sigma GE Capital IT Solutions (heute Computacenter)

2005
Geschäftsführer Computacenter

seit 2008
CEO und Vorstandsvorsitzender Computacenter

Fotos: Computacenter

Mehr als **300** offene Stellen gibt es bei Computacenter.

Die größten beruflichen Erfolge... liegen noch vor mir, aber ich bin stolz auf jeden einzelnen Kunden, den wir für Computacenter begeistert haben.

Die wichtigste Entscheidung, ... die ich für das Unternehmen getroffen habe, war, während der Finanzkrise gemeinsam die Kosten zu managen und unsere Mitarbeiter zu halten. Computacenter kam um Kurzarbeit und Restrukturierungen herum.

Mir gefallen besonders Mitarbeiter, die... sich auf ihre Verantwortung fokussieren und dabei trotzdem ganzheitlich denken. Schließlich machen motivierte Mitarbeiter den Unterschied.

Drei Kinder und seine Frau ...

zählen für Oliver Tuszik zu seinen liebsten Hobbys. Daneben bleibt ihm noch Zeit zum Joggen, Tauchen und Skifahren, für gutes Essen und Grappa. Gemeinsam mit **seinen Kindern die IT zu entdecken** ist dem vielbeschäftigten Manager ebenfalls wichtig.

Anja Feldmann hat einen beeindruckenden Lebenslauf. Er gipfelte 2009 in der Mitgliedschaft in der **Leopoldina**, der Nationalen Akademie der Wissenschaften, ihres Zeichens die älteste naturwissenschaftlich-medizinische Gelehrtengesellschaft in Deutschland.

Gipfelte? Am 16. März 2011 verlieh die Deutsche Forschungsgemeinschaft Feldmann den **Gottfried-Wilhelm-Leibniz-Preis**. Diese Auszeichnung ist mit bis zu 2,5 Millionen Euro ausgestattet und damit einer der wichtigsten Preise für Forscher und Wissenschaftler – und der höchstdotierte deutsche Förderpreis. Zu den Ausgezeichneten gehörte unter anderem **Manfred Broy** (Seite 54).

Begonnen hat Feldmann ihre wissenschaftliche Karriere in Paderborn. Dort schloss sie ihre akademischen

Leopoldina: Gegründet 1652 in Schweinfurt mit Sitz seit 1878 in Halle/Saale, versammelt die Akademie hervorragende Wissenschaftlerinnen und Wissenschaftler aus aller Welt.

Den **Leibniz-Preis** erhält Feldmann von DFG-Präsident Matthias Kleiner. Ihr Ziel: eine neue Internet-Architektur zu entwerfen, die das Netz schneller, sicherer und zuverlässiger macht.

***1966**

1990
Informatikdiplom
Uni Paderborn

1995
PhD an Carnegie
Mellon University

2000
Professorin
Uni Saarland

2002
Professorin
TU München

Seit 2006
Professorin TU Berlin

Lehrjahre mit einem Diplom in Informatik ab.
Dass sie höhere Ziele anpeilte, zeigte sie mit ihrer Doktorarbeit beziehungsweise dem Doktorgrad Ph.D. (philosophiae doctor), der in vielen englischsprachigen Ländern gebräuchlich ist, den sie an der angesehenen US-amerikanischen Carnegie Mellon University erwarb. Es folgte eine mehrjährige Forschungstätigkeit in den berühmten AT&T Labs.
In Deutschland reüssierte Feldmann als Professorin an der Universität in Saarbrücken. Die bedeutende ETH Zürich versuchte sie wegzulocken, bekommen hat sie die TU München. Seit 2006 ist sie an der TU Berlin Professorin für Intelligente Netze und Management verteilter Systeme und leitet eine Forschungsgruppe in den T-Labs der Deutschen Telekom.

Anja Feldmann
TU Berlin

Angenehmes Umfeld

Gefragt, warum das Leben als Wissenschaftlerin in Deutschland etwas Besonderes ist, antwortet Feldmann, es mache einfach sehr viel Spaß, mit den Studenten und den Doktoranden zusammenzuarbeiten. Grundsätzlich könne man hier das Leben in einem angenehmen Umfeld genießen.

***1964**

1990
Berater bei KPMG in Frankfurt/Main

1992
Bereichsleiter bei CSC Ploenzke in Bremen

1997
Gründung UMC, Bremen

Foto: Wikipedia Juergen Howaldt

2000
Fusion zur BTC AG, deren CEO Bülent Uzuner wird

Bülent Uzuner

BTC

In der deutschen IT-Landschaft hat Oldenburg in Niedersachsen nicht gerade die Bedeutung eines Hotspots. Vielleicht war es aber eben diese Randlage, die den Aufstieg der BTC AG beflügelte. Bülent Uzuner hatte die von ihm gegründete Firma UMC in eine Dreierfusion eingebracht, das Steuer übernommen und ist seitdem auf Erfolgskurs unterwegs. Vergangenes Jahr wurden 176 Millionen Euro mit Prozessberatung, System-integration und System-Management sowie IT-Outsourcing erwirtschaftet. In der Lünendonk-Liste liegt BTC auf Rank 15. Das Erfolgsrezept: „Positiv denken, selber den Kopf einschalten, Lösungen finden und gleichzeitig das Maximum herausholen." Und ein kontinuierliches, ausgewogenes Wachstum mit Augenmaß anstreben.

16 ...

Standorte in Deutschland, der Schweiz, der Türkei, in Polen und in Japan hat die BTC AG, die im Jahr 2000 aus der Fusion der Firmen UMC, CCC und NETplus hervorgegangen ist. Die Mitarbeiterzahl wuchs von 126 Ende 2000 auf 1659 Mitarbeiter (Dezember/2010) im zehnten Firmenjahr.

2 ...

Dutzend IT-Unternehmen hat BTC in den vergangenen Jahren übernommen und integriert. Eine starke Muttergesellschaft – in diesem Fall der Oldenburger Energieversorger EWE – ist hierbei sicher nicht hinderlich.

3 ...

Kinder hat Uzuner, eines seiner Hobbys ist „die Familie“ – eine Ausnahme an dieser Stelle. Der Manager engagiert sich im Bildungsbereich und fördert jedes Jahr die Herausgeber von „Das erste Buch“, das Drittklässler für Erstklässler schreiben. Uzuner ist auch Ideengeber dieses Projekts und Vorsitzender des gleichnamigen Vereins „Das erste Buch e.V.“.

Bülent Uzuner kümmert sich um den IT-Nachwuchs.

Stefan Jähnichen

TU Berlin, Fraunhofer FIRST

studierte Elektrotechnik und promovierte anschließend in Informatik. Seit mehr als 20 Jahren forscht Jähnichen an Zukunftsthemen der Softwareentwicklung. So sind weltweit Planetarien mit digitaler Projektionstechnik von Carl Zeiss ausgestattet, die Softwarekomponenten von FIRST enthalten. Neben seinen Aufgaben als GI-Präsident engagiert sich Jähnichen in mehreren wissenschaftlichen Einrichtungen und findet daneben noch Zeit für Tennisspielen, Literatur und klassische Musik.

„Mehr als

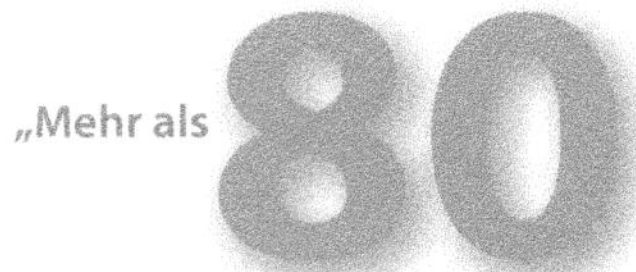

Doktoranden haben bei mir promoviert, und auf die bin ich besonders stolz."

Lieblings-Website:
www.facebook.com/wir.sind.informatik

***1947**

1967–1974
Studium Elektrotechnik an der TU Berlin

1979
Promotion an der TU Berlin

1988
Professor
Uni Karlsruh

Foto: Matthias Heyde/ Fraunhofer FIRST

Jähnichen über...

... Wendezeiten

Die Integration von Wissenschaftlern aus Ost und West zählt Jähnichen zu seinen großen Herausforderungen. Sein Institut wurde aus dem Westen Berlins in den Ostteil der Stadt verlegt, und Jähnichen stellte Mitarbeiter der ehemaligen Akademie der Wissenschaften ein: „Das erwies sich als große inhaltliche Bereicherung. Wir haben die Integration grandios gemeistert."

... Gehalt

Ein Streik der Institutsmitarbeiter gegen den Tarif „Ost" ging um die Welt. Auf den Web-Seiten hatten sie 15 Prozent der Zeichen durch blinkende Dollar-Zeichen ersetzt und in einer Fußnote erklärt, dass sie ja auch nur 85 Prozent des West-Gehalts bekamen.

... Wissenschaft

„Als Wissenschaftler sollte man unbedingt klare Ziele, einen klaren Willen, aber auch viel Geduld im Umgang mit Menschen mitbringen. Außerdem ist ein ausgewogenes Verhältnis zwischen Wissenschaft und Wirtschaft für einen Informatiker essenziell. Distanz ist schädlich."

seit 1991
Professor TU Berlin

seit 2009
Präsident der Gesellschaft für Informatik

seit 1991 GMD FIRST,
seit 2001 Fraunhofer FIRST

Sicherheit und Steuerung von Embedded Systems sind die Themen der Wissenschaftler von Fraunhofer FIRST

2011
Evaluation Panel „Informatics" European Research Council, Brüssel

SAP Pinnacle Awards in Folge eingeheimst.

Herbert Vogel

Itelligence

Universität in Paderborn, Arbeit in Gütersloh, schließlich SAP-Beratung in Bielefeld. Viel Ostwestfalen rund um Herbert Vogel, der doch am liebsten gegen den Wind kreuzt – mit Katamaran oder Motorrad. Und der als Chef keine Hierarchien mag. „Rätselhaftes Bielefeld", sang Udo Lindenberg 1976.

Warum haben Sie Firmen gegründet?

Mich hat es motiviert, Kunden glücklich zu machen – ohne die Restriktionen eines Konzerns. Ich mag keine Hierarchien. Bei Itelligence erhalten alle, die es möchten und die die Fähigkeit dazu haben, schnell Verantwortung. Das bedeutet für mich auch: gute Ideen rasch in die Tat umzusetzen, ohne in Bürokratie und Hierarchie stecken zu bleiben.

Welche Hürden waren am höchsten?

Die richtigen Leute zu finden. Und in Krisenzeiten die guten Leute zu motivieren, auch zu bleiben. Dazu muss man je nach Situation die passenden Ziele und Visionen formulieren.

Welche Ziele haben Sie gesetzt?

Wir wollten mit Itelligence immer der weltweit größte SAP-Partner im Mittelstand werden. Heute heißt das Ziel: Wir wollen 500 Millionen Euro Umsatz übertreffen.

Was müssen Gründer persönlich mitbringen?

Eine gute Ausbildung und gute Firmen, in denen sie erste Erfahrungen sammeln können. Daneben braucht ein Unternehmer aber auch Glaubwürdigkeit, Standfestigkeit und die Fähigkeit, im Team zu arbeiten – in guten wie in schlechten Zeiten.

Beratergeschichten, die das Leben schrieb, sammelte Vogel im Buch „Helden für den Mittelstand".

Pioniertage...

„SAP im Mittelstand, und aller Anfang ist schwer: Denn wie verkaufen Sie dem Kunden, dass mit dem neuen R/3 die Buchung für einen Fertigungsauftrag drei Minuten dauert, wo sie doch vorher mit R/2 nur 1,5 Sekunden gedauert hat? Damals konnte man aber vieles auf die Hardware und die alten Leitungen schieben ..."

***1953**

1978
EDV-Organisator bei Blaupunkt

1980
Bertelsmann und Mohndruck

1989
Gründung S&P Consult

2001
CEO von Itelligence

2007
Kauf durch NTT Data

Joseph Reger

Fujitsu Technology Solutions

Kein „normaler“ Manager-Typ, und schon gar kein Vertriebler: Joseph Reger wirkt stets wie ein Mensch, der die Naturgesetze hinter der IT versteht. Legendär sind seine technischen Nachhilfestunden auf den FSC-Hausmessen. Anschließend hatte man das Gefühl, IT sei die natürlichste Sache der Welt. Und wenn dann gerade mal kein CEO da ist, gibt eben Reger der Firma ein Gesicht.

Regers bevorzugte Website ist die Online-Enzyklopädie Wikipedia.

„Was schon gut ist, kann immer noch besser werden.“

***1957**

1981
Forschung und Lehre international

1992
IBM Deutschland: Consultant, IT Architect

1992
Habilitation im gesamten Gebiet der Physik im Alter von 35 Jahren an der Universität Mainz

1998
Siemens
Marketi

1998
Siemens
Nixdorf

Foto: Fujitsu; Uni Mainz

11 Jahre übte Reger die akademische Forschung und Lehre aus – in Ungarn, Norwegen, Deutschland und den USA.

Mein oberstes Management-Prinzip... ist der Respekt für alle Meinungen, auch und insbesondere für Gegenmeinungen.

Ich mag Mitarbeiter..., die sich ihrer Fähigkeiten so sicher sind, dass sie der Sache wegen zu widersprechen wagen.

Hat in Deutschland... tatsächlich jedermann einen Doktortitel?, fragte vor Jahren ein freundlicher japanischer Gastgeber. Mein Kollege und ich schauten uns an, zeigten unsere Visitenkarten vor und antworteten knapp: „Hai!". In Japan wäre ein „Nein" ohnehin unhöflich gewesen.

1999
Fujitsu-Siemens (FSC)

2001
Ein kurzer Ausflug zu m+s Elektronik AG als Director Corporate Strategy

2002
FSC: Chief Technology Officer (CTO)

2009
Fujitsu Technology Solutions: Chief Technology Officer (CTO)

Philipp Schindler

Google

So sieht ein erfolgreicher Lebenslauf aus: Studium an einer privaten Business-School, Konzerneinstieg in das Führungskräfte-Nachwuchsprogramm, Auslandsaufenthalte – am besten im englischsprachigen Raum, Übernahme von Führungspositionen, Aufstieg in die Geschäftsführung. Und das in einem Unternehmen, das bei Bewerbern sehr begehrt ist – in diesem Fall Google. Schindler hat bisher alles richtig gemacht. Und sehen lassen kann er sich auch.

1,65

Milliarden Euro bezahlte Google für Youtube.

***1970**

1991
BWL-Studium an der European Business School

1996
Nachwuchsprogramm bei Bertelsmann

1998
Leitung Marketing Compuserve

1999
Mitglied der Geschäftsfü-
rung bei AO

Fotos: Bertelsmann, Google

Schindler über ...

... den Online-Handel

„Vor einigen Jahren hat ein Autokäufer etwa sechs Händler aufgesucht, bevor er gekauft hat. Heute liegt der Durchschnitt bei 1,2 Händlern, weil die Menschen ihre Informationen im Netz finden und die Entscheidung vorab am Rechner treffen." *

... über die Zukunft der Werbebranche

„Die Kombination aus Relevanz, Auktionsmechanismus und Automatisierung, gekoppelt mit der Digitalisierung, wird die Werbebranche in den kommenden 20 Jahren revolutionieren."

... die Zukunft einiger klassischer Medien

„Es wird auch in 100 Jahren noch das Bedürfnis geben, in entspannter Haltung fernzuschauen oder Artikel guter Journalisten zu lesen. Aber der Kanal, über den die Inhalte der Fernsehsender und Zeitungen zum Konsumenten gelangen, wird das Internet sein.*

*Aus einem Interview mit FAZ.net

2005
Leiter Nordeuropa bei Google

2009
Vice President Nord- und Zentraleuropa Google

*1958

1977
Ausbildung zum Maschinenbauer bei Ungerer, Pforzheim

1981
Studium Maschinenbau und Product Engineering

1985

Co-Gründer des Transferzentrums für Inform tionstechnologie (TZI)

1987
Gründu GFT

Ulrich Dietz

GFT

Als Ulrich Dietz Maschinenbau studierte, hatte er bereits eine Ausbildung als Maschinenbauer beim Mittelständler Ungerer aus Pforzheim hinter sich. Diesem bodenständigen Stil blieb er treu – und auch dem Schwarzwald: 1987 gründete er mit einem Partner in St. Blasien das IT-Unternehmen GFT, dessen geschäftsführender Gesellschafter er 1989 wurde. Nach zehn weiteren Jahren des kontinuierlichen Ausbaus war GFT 1999 reif für den Börsengang. Heute hat der Konzern weltweit 1300 fest angestellte Mitarbeiter unter Vertrag, 1300 weitere IT-Experten arbeiten auf freiberuflicher Basis zu. Dietz ist bis heute Hauptaktionär des Familienunternehmens. Er sieht GFT als Mittelständler, der die Chancen des globalen IT-Markts genutzt hat.

1998
Vorstandsvorsitz
GFT Technologies

989
eschäftsführender
esellschafter von GFT

1999
GFT geht an
die Börse

Finanzierung

Dietz hatte in den klammen Gründerjahren auch zu einem dubiosen Risikokapital-Geber Kontakt, der ihm unmissverständlich mitteilte, er habe sein Geld noch immer pünktlich zurückbekommen – und ganz nebenbei einen Revolver aufblitzen ließ.

Wissenschaft

Die akademische Forschung liegt Dietz ebenso am Herzen wie ihre Anwendung. Als Co-Gründer rief er 1985 das Transferzentrum für Informationstechnologie (TZI) der Steinbeis-Stiftung ins Leben. 2010 trat er an der Universität Stuttgart-Hohenheim einen Lehrauftrag an.

Kunst

Dietz gehört dem Kuratorium der Staatsgalerie Stuttgart und dem Freundeskreis des Festspielhauses Baden-Baden an.

www.fastcompany.com ist die
Lieblings-Site von Ulrich Dietz.

WWW

Ulrich Schwanengel

Consol

Ulrich Schwanengel gründete Consol 1984 als Ein-Mann-Betrieb. Heute beschäftigt das Software- und Beratungsunternehmen 230 Mitarbeiter in sieben Ländern. Consol wurde schon oft als Deutschlands bester Arbeitgeber prämiert. „Nur wer sich gut fühlt, arbeitet auch gut", sagt Schwanengel.

Über **50**

Prozent der Gewinnausschüttung bekommen die Mitarbeiter.

Was hat Sie motiviert, ein Unternehmen zu gründen?

Fachlich: Komplexe IT-Projekte erfolgreich abwickeln, dabei auf der Bugwelle der Technologieentwicklung reiten. Menschlich: Auf den Menschen und seine Kräfte stärker setzen, als andere es tun.

Wie gehen Sie mit Mitarbeitern um?

Ein paar Leitsätze, mit denen wir unsere spezielle Consol-Kultur bewahren und immer wieder neu justieren: „Motivation und Belohnung", „Argumente statt Anweisungen", „Jeder lehrt jeden", „Jeder hilft jedem", „Es ist wichtiger, die richtigen Dinge zu tun, als die Dinge richtig zu tun".

Wie erklären Sie sich den Erfolg Ihres Unternehmens?

Wir haben unsere Leitsätze mit Leben gefüllt, und alle Mitarbeiter orientieren sich daran. Ebenfalls wesentlicher Bestandteil unserer Unternehmenskultur ist ein gut funktionierendes Beteiligungsmodell, das den Mitarbeitern über 50 Prozent der auszuschüttenden Gewinne zusichert.

Was empfehlen Sie Gründern heute?

Besonderes (IT-)Know-how spielt eine wesentliche Rolle. Entscheidend ist auch, das richtige Thema zu finden, das einen permanent intrinsisch motiviert.

Radipause: Mit Ehefrau Anke beim Consol-Sommerfest.

Der Einstein-Erklärer...

„Einen Salz- und Pfefferstreuer und ein Feuerzeug – mehr braucht er nicht, um Einsteins Relativitätstheorie zu erklären", las Schwanengel über sich in der ‚Süddeutschen Zeitung' . Der Consol-Chef hatte behauptet, Schwieriges könne man in den Naturwissenschaften einfach erläutern, und hatte es gleich versucht.

***1946**

1978
Programmierer und Berater bei Softlab

1978
Promotion in reiner Mathematik („sehr gut")

1984
Gründung Consol

2000
Tochterfirma in Krakau

2010
Tochterfirma in Dubai

Cornelia Rogall-Grothe

Bundesministerium des Inneren (BMI)

Mit Kanzlerin Angela Merkel hat die Bundes-CIO mindestens zweierlei gemein: Sie hat es als Frau bis an die Spitze in einem Metier gebracht, das als Männerdomäne gilt. Und sie hat ein gespaltenes Verhältnis zur Quote. Ihre Begründung: „Es liegt an jedem Einzelnen – egal welchen Geschlechts –, etwas zu verändern und zu bewirken." Basta, würde ein Alt-Bundeskanzler noch anfügen.

1990

Das Jahr, als der Einigungsvertrag abgeschlossen wurde und Cornelia Rogall-Grothe wegen der IT Albträume bekam.

Wiedervereinigung und IT ...

Jahr 1990: Aufregende Zeiten in Deutschland. Der „Vertrag über die abschließende Regelung in Bezug auf Deutschland" – vulgo: Einigungsvertrag –, war fertig ausgehandelt, reif zum Unterschreiben. Dann verweigerte die IT ihren Dienst, das Drucken wollte nicht klappen. 20 Jahre später ist Rogall-Grothe zuständig für die Bundes-IT.

Foto: Hadi_Wikipedia

Rogall-Grothe über …

… Frauen in der IT

„Fragen zu meiner Rolle in der Männerwelt der IT kann ich wirklich nicht mehr hören."

… gute Personalführung

„Mitarbeiter so zu behandeln, wie ich selbst gerne behandelt werden möchte: Dazu gehören für mich klare Vorgaben, eine offene Kommunikation in beide Richtungen, gegenseitiger Respekt. Und – nicht einfach und manchmal unangenehm – Entscheidungen transparent machen, auch wenn sie die Mitarbeiter (persönlich oder beruflich) enttäuschen."

… außergewöhnliche Situationen im Berufsleben

„Die außergewöhnlichste Situation meines Berufslebens war sicher meine Mitwirkung am Einigungsvertrag. Das war in jeder Hinsicht ein Ausnahmezustand."

***1949**

1968
Studium der Rechtswissenschaften

1977
Referentin im Bundesministerium des Innern (BMI)

1990
Referatsleiterin im BMI

1990
Wiedervereinigung. Der Tag, an dem die IT streikte und die Einheitsverträge nicht ausdrucken wollte

2006
Leiterin in der Abteilung V

seit 2010
Staatssekretärin im BMI und Bundes-CIO

Gunter Dueck

IBM

Der IBM Distinguished Engineer zählt nicht nur zu den Vordenkern des Unternehmens, sondern ist auch sein bekanntester Querdenker. Als ebenso scharfsinniger wie unterhaltsamer Autor beweist er, dass Informatik und Unternehmensstrategien philosophisch betrachtet einfach interessanter werden.

131

Bücher, Aufsätze und Artikel umfasst Gunter Duecks Schriftenverzeichnis auf seiner Website www.omnisophie.com.

***1951**

1977
Promotion in Mathematik

1981
Professor für Mathematik an der Universität Bielefeld

1987

Wechsel zu IB

Dueck über...

... seine „Omnisophie" (ungefähr „Allweisheit"):

„Wenn ich aber das Denken erkläre, ist damit nicht das Leben erklärt. Denn das Leben besteht mehr aus Irrtum als aus Ergebnis. Das schreibt jeder Philosoph, das predigt jeder Prophet. Ich muss also neben dem Denken noch den Irrtum erklären."

... den „Abschied vom Homo Oeconomicus" (Buch):

„Ist das nicht schrecklich, wie weit die menschlichen Sichten auf das immer Gleiche auseinanderklaffen, bloß weil die Wirtschaft mal so, mal anders ist? Geld verdirbt das Denken, mal so – mal anders."

... Mathematik

„Die mathematischen Lösungen, die ja die besten sind, stoßen im echten Leben auf erheblichen Widerstand von Menschen. Geben Sie zur Probe einem Übergewichtigen einen Diätplan! Oder erklären Sie Ihrer Mutter, dass sie ihre Küche ganz falsch organisiert hat."

1990
IEEE Prize
Paper Award

2002
„Omnisophie"
erscheint

2006
Vampirroman
„Ankhaba"

2006
„Lean Brain Management" wird Wirtschaftsbuch des Jahres

2009
Bei IBM Aufbau
Cloud Computing

2010
CTO bei IBM
Deutschland

Daniel Hartert

Bayer, Bayer Business Services

Als Bertelsmann-CIO zählte Daniel Hartert zu den Dotcom-Pionieren. Bei Philips modernisierte er die internationale IT-Organisation, standardisierte die ERP-Landschaft und führte in den USA eine neue Generation von Computertomografen auf den Markt. Dann wechselte er zu Bayer.

Was gefällt Ihnen in Ihrem Job besonders?

Einerseits lenke ich die IT-Geschicke eines Weltkonzerns, was an sich bereits eine großartige Aufgabe ist. Andererseits bin ich auch Vorsitzender der Geschäftsführung von Bayer Business Services. In mir schlägt ein Herz für Strategy & Demand und eines für Delivery.

Jahren fotografiert Hartert, auch in 3D.

Was wollten Sie den IT-Herstellern immer schon mal sagen?

Den Nutzen vieler IT-Angebote stellen die Anbieter überzogen dar. Marketing-Profis haben manche Produkte über Nacht zu Cloud-Angeboten umdefiniert. Dazu gehört aber bekanntlich etwas mehr.

Warum muss ein CIO Humor haben?

In den USA erzählt man sich, CIO stehe für „Career is over". Um das zu kommentieren, aber auch damit es nicht irgendwann auf einen selbst zutrifft, sollte man schon eine Prise Humor haben.

Sie fotografieren viel. Was machen Sie privat sonst noch gerne?

Ich höre viel Musik verschiedenster Richtungen. Dabei ist mir die Aufnahme- und Soundqualität sehr wichtig. Für unterwegs ist MP3 in Ordnung, aber zu Hause möchte ich voll auflösende Originalqualität.

Lockere Niederländer

„2002 ging ich als CIO zu Philips nach Eindhoven. Wegen der großen fußballerischen Rivalität hatten viele mich gewarnt, im Land der ‚Oranjes' zu leben und zu arbeiten. Aber ich habe dort eine solche Offenheit und Lockerheit erlebt, dass die Zeit für mich eine große berufliche und private Bereicherung war."

Gerne in Doppelfunktion: CIO und Geschäftsführer.

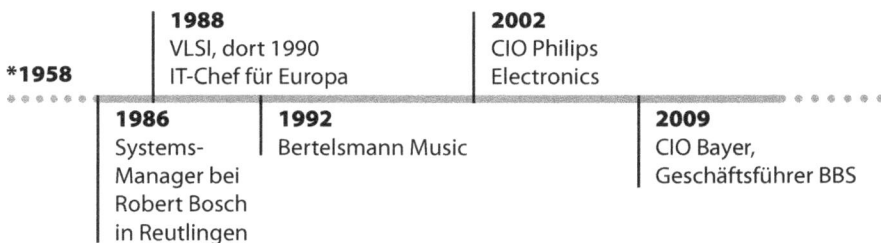

***1958**

1986 Systems-Manager bei Robert Bosch in Reutlingen

1988 VLSI, dort 1990 IT-Chef für Europa

1992 Bertelsmann Music

2002 CIO Philips Electronics

2009 CIO Bayer, Geschäftsführer BBS

Jörg Menno Harms, ein typischer Schwabe, ist in Wirklichkeit ein Holsteiner aus Plön. Erst zog es ihn in die Wesermarsch, dann 1961 zum Studium ins Musterländle. Dort blieb Harms stets der Firma Hewlett-Packard verbunden. Aus der Medizintechnik stieg er an die Spitze der Geschäftsführung auf. Inzwischen überwacht Harms als Aufsichtsrat die Entwicklung von HP und diverser anderer Unternehmen. Nebenbei ist der Amateurfunker noch als Unternehmensberater tätig.

Jörg Menno Harms

Hewlett-Packard

43

Jahre steht Jörg Menno Harms schon im Sold von Hewlett-Packard.

***1939**

1967
Dipl. Ing. für Nachrichtentechnik, Uni Stuttgart

1968
HP, Böblingen – Entwicklung, Fertigung, Marketing, Vertrieb

1981
Manager Medical Division

Harms über...

... seine wichtigste berufliche Entscheidung

„Dem Unternehmen Hewlett-Packard über vier Jahrzehnte treu geblieben zu sein."

... sein Lebensmotto

„Optimisten leben länger."

... das oberste Management-Prinzip

„Führen durch Ziele und als Dienstleistung."

... bevorzugte Mitarbeitertypen

„Kreativ, offen und leistungsbereit."

... Bill Hewlett und Dave Packard

„Auf meine Frage, was mir beide (bei Antritt einer neuen Management-Aufgabe) raten würden, antwortete Dave Packard nach langem Nachdenken: ‚Take good care of your people!' Bill Hewlett ergänzte wie aus der Pistole geschossen: ‚Be creative!' Beides kennzeichnete ihren erfolgreichen Führungsstil."

Jörg Menno Harms mit HP-Gründer Dave Packard 1982.

1986
Manager Medical Europe

1993
Geschäftsführer HP GmbH

2000
Erstmals Aufsichtsrat von HP, um anschließend als Geschäftsführer die Fusion mit Compaq zu steuern

2002
Geschäftsführer HP GmbH

2004
Aufsichtsratschef der Hewlett-Packard GmbH

Claudia Eckert

**Fraunhofer-Institut SIT ,
TU München**

In gewisser Hinsicht ist Claudia Eckert einzigartig: Leiterinnen eines Fraunhofer-Instituts gab es vor ihr nicht. Sie hat diese Funktion – am Fraunhofer-Institut für Sichere Informationstechnologie. Ordinaria an der Informatikfakultät der TU München gibt es auch nicht – außer Claudia Eckert. Wie viele erfolgreiche Frauen findet auch sie eines nicht akzeptabel: eine Quotenfrau zu sein.

„Mein Name ist immer noch im Damenprogramm zu finden."

5 Jahre lang die einzige und erste Leiterin eines Fraunhofer-Instituts.

***1959**

1993–1999
Promotion und Habilitation an der TU München

1999
Professur in Kiel

2000
Professur
Bremen

Fotos: Fraunhofer SIT; TUM/Thorsten Naeser; JürgenHaacks/Uni Kiel

Einen virtuellen Fackellauf mit Rechnern und Handys, auf denen eine Fackel als Animation flackerte, haben ihre Studenten 2008 veranstaltet, um sie in Darmstadt zu halten. Das hat sie sehr berührt.

Ein großer Erfolg ... ist der Umbau eines staatlich finanzierten Forschungsinstituts zu einem Fraunhofer-Institut, das sich über Auftragsforschung finanziert und eine führende Position als europäisches Institut im Bereich Sicherheit einnimmt.

Ich finde es wichtig ..., sich bewusst zu machen, dass der Frauenanteil im IKT-Bereich nach wie vor gering ist.

Unter guter Personalführung verstehe ich ... Fördern und Fordern, also Verantwortung zu übertragen, Raum für eigene Entfaltung und auch für die Positionierung zu lassen, aber dennoch Rahmen mit Leitlinien vorzugeben.

Es ist klassisch ... dass mein Name auch heute noch häufig auf der Liste für die Freizeitaktivitäten beim Damenbegleitprogramm einer Veranstaltung zu finden ist, auch wenn ich dort die Rednerin bin.

2001
Professur an der TU Darmsdtadt

2008
Gründung Sicherheitszentrum CASED

2009
TU München, Aufbau eines Institutsteils für integrierte Systemsicherheit

2009
Wahl zur Vizepräsidentin der Gesellschaft für Informatik

„Ich kam unverhofft in die IT. Als Azubi wurde ich gefragt, ob ich auf dem Commodore 64 ein Programm für eine Auftragsbearbeitung schreiben könne."

Michael Ganser ist für 659 Mitarbeiter in Deutschland verantwortlich.

Michael Ganser

Cisco

Cisco-Chef Michael Ganser betätigt sich in seiner Freizeit gerne als Schwimmer und Läufer. Außerdem pflegt er eine Leidenschaft für den Fußball. Seine Lieblingssportler laut Facebook sind unter anderem Mesut Özil und Peer Mertesacker, als „seine" Vereine nennt er Real Madrid und Werder Bremen. Humor hat er bewiesen, als er im Nachklapp zur Fußball-Weltmeisterschaft 2006 ein Video mit seinen Cisco-Managern ganz im Stil von Sönke Wortmanns „Deutschland – ein Sommermärchen" drehte und darin den Klinsmann gab, indem er seinen Führungskräften eine emotional aufgeladene Kabinenpredigt hielt. Dem Magazin „Capital" vertraute er an, diese Aktion habe eine durchgemachte Nacht und eine Flasche Rotwein gekostet.

2008
Auszeichnung als einer der besten Arbeitgeber in Deutschland (wie auch 2007, 2009 und 2010)

2005
Vorsitzender der Geschäftsführung Cisco Deutschland

*1964

2007
Fußball-Aficionado Ganser dreht Video mit seinem Management und gibt den Klinsmann

Über 30

Prozent des gesamten europäischen Umsatzes von Cisco verantwortet Michael Ganser in seiner Funktion als Senior Vice President DACH (Deutschland, Österreich, Schweiz).

20/20

Mehr als 20 Jahre Erfahrung in der IT-Industrie hat Ganser auf dem Buckel. Allein bei Cisco war er als Manager in mehr als 20 Ländern von Europa über den Nahen Osten bis nach Afrika tätig.

4-

mal wurde Cisco Deutschland unter der Führung von Ganser als einer der besten Arbeitgeber in Deutschland ausgezeichnet: 2007, 2008, 2009 und 2010. Im Jahr 2008 verlieh das Great Place to Work Institute Cisco außerdem den Fairness Award.

Thomas Alt

Metaio

Bei seiner Arbeit für Volkswagen kam Dr.-Ing. Thomas Alt die Idee, die Realität mit computergenerierten Bildern anzureichern – ideal für Simulationen etwa in der Produktion. Dann fand er heraus, dass Peter Meier den gleichen Gedanken verfolgte. Heute ist die 2003 von beiden gegründete Firma Metaio ein bekannter Name im Bereich der Augmented Reality (AR). Die Technologie ermöglicht es unter anderem, Zusatzinformationen auf Smartphones einzublenden, wenn deren Kamera etwa ein Bauwerk erfasst. Aber auch in den Bereichen Bauen, Healthcare und Events sind Einsatzmöglichkeiten für AR gegeben. Neben dem Sitz in München ist Metaio in San Francisco und Südkorea aktiv – mit inzwischen 70 Mitarbeitern und ohne Fremdkapital.

Startup-Mentalität

„Unsere erste Software haben wir auf einer CD ausgeliefert, die in eine Serviette mit bayerischen Rauten gewickelt war. Danach haben wir jemanden für Marketing und Vertrieb ins Team geholt."

Auf Investorengelder konnte Alt bisher verzichten.

Fotos: Metaio

Hard Skills...

braucht man natürlich. Aber in den entscheidenden Phasen des Wachstums kommt es eher auf die Soft Skills an.

Widerstände...

beim Aufbau des Unternehmens waren meine mangelnden betriebswirtschaftlichen Kenntnisse.

Erfolg...

ist für mich der Auf- und Ausbau von Metaio ohne Fremdfinanzierung zu einem inzwischen weltweit anerkannten Unternehmen.

Jahren gründete der Maschinenbauingenieur Alt sein Unternehmen.

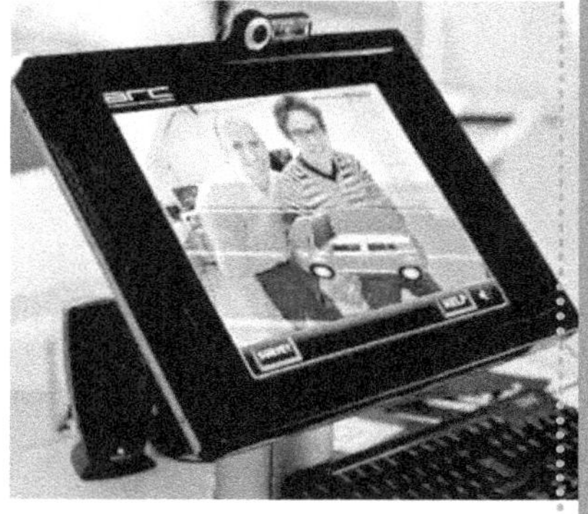

Mit der durch Metaio entwickelten Plattform Unifeye lassen sich virtuelle, dreidimensionale Informationen lagegerecht in die Wirklichkeit einbinden.

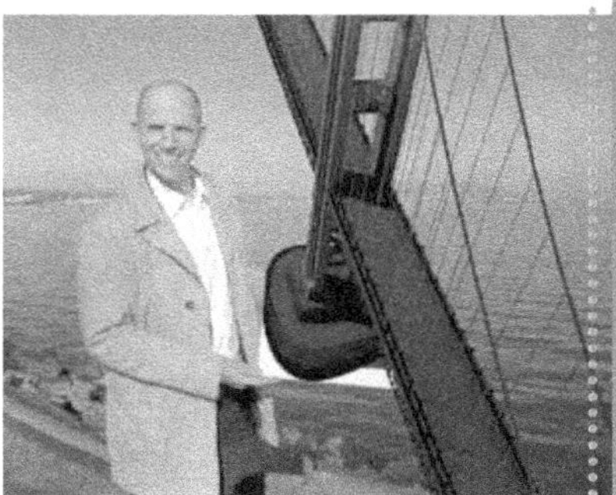

Einsatz in San Francisco: Metaio hat auch dort schon eine Niederlassung.

„Junguntemehmer wie Herr Alt sind notwendig, um eine Unternehmerkultur in Deutschland zu festigen mit Menschen, die mutig sind und sich nicht durch Fehlschläge entmutigen lassen."

Wolfgang Herrmann, Präsident der TU München

1999–2001
CEO von
Update.com

***1959**

1986–1999

Steile Karriere: vom Trainee zur Geschäftsführerin von Computer Associates Deutschland

Fotos: AVISIO picture & concept, Uta Kellermann

Gabriele Rittinghaus

Finaki Deutschland ....

Laut www.verwandt.de gibt es exakt 778 Personen in Deutschland, die den Namen Rittinghaus tragen. Am bekanntesten, zumindest in der ITK-Szene und in CIO-Kreisen, ist Gabriele Rittinghaus. Eindrucksvoll verlief ihre Karriere bei Computer Associates: vom Trainee zur Geschäftsführerin in 14 Jahren. Nach verschiedenen Topmanagement-Positionen in der IT-Wirtschaft ist Rittinghaus heute Geschäftsführerin des Beratungshauses Finaki Deutschland. In dieser Rolle steht sie auf Tuchfühlung mit den deutschen CIOs, vor allem mit denen im CIO Colloquium. Erfolgreich auch ihr Engagement für das „House of CIOs" auf der CeBIT: Jetzt haben die wichtigsten IT-Entscheider einen Anlaufpunkt auf der weltweit größten ITK-Messe.

2003–2007
Geschäftsführende Gesellschafterin bdp GmbH

Seit 2009
Vorsitzende der Geschäftsführung Finaki

2001–2003
Senior Vice President PTC GmbH

2007– 2009
Managing Director goetzpartners

Elephants Club

Rittinghaus ist Vorstand des gemeinnützigen Wirtschaftsclubs, in dem sich Vorstände, Geschäftsführer und Informationschefs vor allem aus der IT- und TK-Branche organisieren.

Ernährung und mehr

Die überzeugte Netzwerkerin hält auch gern Vorträge über Themen wie richtige Ernährung, Personal Trainings oder wie Männer und Frauen den Weg zu ihren persönlichen Zielen finden können.

Die richtige Ansage

Rittinghaus hat eine grundsolide Ausbildung. Sie ist Betriebswirtschaftlerin, kann also Zahlen ins rechte Verhältnis setzen. Sie ist aber auch Wirtschaftsdolmetscherin. Sie hört also in einer Sprache zu, denkt in einer anderen weiter und findet dabei die richtigen Worte. Im Wirtschaftsleben eine echte Stärke.

***1968**

1994
Beraterin bei „The LEK Partnership"

1997

Foto: The University of Texas at Austin

MBA-Studium an der University of Texas in Austin

1999
Dell: Business Development

2000
Dell Deutschland

Barbara Wittmann

Dell Deutschland

Vom Slawistik-Studium in München über eine Unternehmensberatung zum MBA-Studium nach Texas, weiter zu Dell in die Zentrale nach Round Rock und schließlich über Frankfurt nach Halle (Saale) – für Barbara Wittmann, General Manager Dell Deutschland, ging es immer voran. Und zwar zügig: „Die nervösen Blicke ausländischer Kollegen auf dem Beifahrersitz bei einer Autofahrt in Deutschland, und dann die zögerliche Frage ‚Do you have a speed limit in Germany?' – das macht Freude." Die Frauenquote hingegen geht gar nicht: Wittmann möchte für ein Unternehmen arbeiten, „das bei der Personalauswahl Faktoren wie individuelle Leistung, fachliche und soziale Kompetenz sowie Führungsstärke in den Vordergrund stellt".

2005
Geschäftsführerin von Dell
in Halle an der Saale

2011
General Manager
Dell Deutschland

„Trust is not given, you have to earn it."

Personalführung

„Es ist gut, wenn einem die Mitarbeiter und Mitarbeiterinnen mit Vertrauen und Respekt begegnen. Dieses Vertrauen bekommt ein Manager oder eine Managerin nicht durch die Position oder die Hierarchie – das muss man sich erst verdienen."

Quotenfrau

„Ich habe kein Problem damit, die einzige Frau in einer Besprechung oder in einem Team zu sein und in die Schublade der Quotenfrau gesteckt zu werden. Über einen längeren Zeitraum hinweg zeigen sich ohnehin die individuellen Stärken und Schwächen."

Management

„Jeder Manager und jede Managerin hat die Aufgabe, für eine Arbeitsumgebung zu sorgen, in der die Mitarbeiter mit Freude, Motivation und vor allem als Team jeden Tag versuchen, ihr Bestes zu geben."

Cevat Yerli

Crytek

Zehn Stunden Fahrt mit dem Auto nach Paris, zehn Stunden Vertragsverhandlungen, zehn Stunden Fahrt nach Hause – so beginnt die Geschichte der drei Yerli-Brüder Faruk, Cevat und Avni und ihrer Fima Crytek aus Coburg. Heute gehört sie mit ihren Ego-Shooter-Spielen „Far Cry" und „Crysis" weltweit zu den erfolgreichsten ihrer Branche. Das Magazin „Neon" zählt die Brüder zu den „100 wichtigsten jungen Deutschen".

„Ich wollte mit innovativer Technologie dazu beitragen, Menschen zu unterhalten."

Cevat Yerli beschäftigt mit seinen Brüdern Faruk und Avni über 650 Mitarbeiter.

Auf Platz 11 landete Crytek in der Rangliste der begehrtesten Arbeitgeber der Informatikstudenten. Ein Aufstieg um 13 Plätze im Vergleich zum Vorjahr.

Eine Firma ... zu gründen, die interaktive Unterhaltung entwickelt, war nicht einfach, da die Meinung vorherrschte, dass dies kein ernsthaftes Geschäft sei.

Die Anforderungen ... an die Mitarbeiter sind sehr hoch. Wichtig ist der absolute Wille, stets das Beste zu erreichen, dafür bietet das Unternehmen auch das Umfeld, um Höchstleistungen zu erzielen.

Der Aufwand... für die Entwicklung eines so genannten Blockbuster-Spiels ist vergleichbar mit dem der Erstellung eines Hollywood-Films – 250 Leute haben bei Crytek zweieinhalb Jahre lang an einem Spiel gearbeitet.

Englisch... ist Arbeitssprache bei Crytek. Das ist auch notwendig, da Mitarbeiter aus 35 Nationen unter einem Dach arbeiten.

***1978**

1999
Gründung von Crytek in Coburg

Foto: Stoerfix-Wikipedia

2001
Erstes Publishing Agreement

2004
Veröffentlichung von Far Cry für PC

Hans Zehetmaier

msg systems

Hans Zehetmaier lenkt msg systems seit der Gründung vor 31 Jahren. Er hielt das IT-Beratungs- und Systemintegrationshaus finanziell unabhängig und setzte auf organisches Wachstum. 1990 betrug der Umsatz über zehn Millionen Euro, 2010 waren es 392 Millionen Euro.

Mitarbeitern fing msg systems 1980 an. Heute sind es 3000.

Was hat Sie motiviert, ein Unternehmen zu gründen?

Herbert Enzbrenner, Pius Pflügler und ich arbeiteten Ende der 70er Jahre als Werkstudenten bei IBM. Wegen eines Einstellungsstopps wurden wir nicht übernommen. Wir entschieden uns deshalb, eine eigene Firma zu gründen.

War der Anfang schwierig?

In den ersten Jahren gab es kaum echte Hürden. Die IT war noch jung und bot viele Chancen. Mit zunehmenden Projektaufträgen wurde aber Ende der 90er Jahre klar, dass wir deutlich wachsen mussten, um bei den Großen mitspielen zu können.

Was empfehlen Sie Gründern heute?

Betriebswirtschaftliches Know-how und sehr gutes Wissen über die Themen der Zielmärkte, also Branchenkompetenz. Dazu kommen müssen hohe Risikobereitschaft und rasche Entscheidungsfindung.

Was war Ihr größter beruflicher Erfolg?

Ich freue mich darüber, dass wir aus einer Drei-Personen-Firma heute ein Unternehmen mit 3000 Mitarbeitern geschaffen haben und dass wir selbst in schwierigen Zeiten kontinuierlich gewachsen und unabhängig geblieben sind.

Zehetmaier hält sich mit Mountainbiking fit.

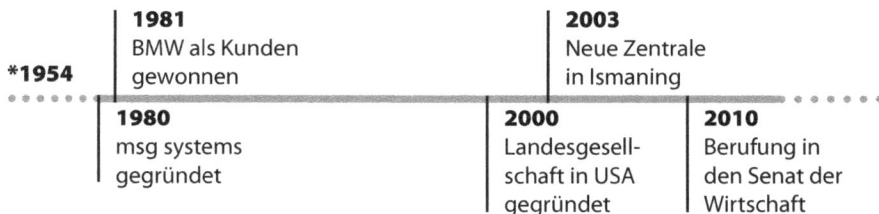

Die Schlüsselprobe

„Es war Anfang der 80er Jahre. Als wir unseren ersten Auftrag bei einem Automobilhersteller bekommen sollten, wurden wir aufgefordert, unsere Autoschlüssel auf den Tisch zu legen. Wir hatten Glück. Einer von uns holte den richtigen Schlüssel aus der Hosentasche, wonach dem Auftrag nichts mehr im Wege stand."

***1954**

1980
msg systems gegründet

1981
BMW als Kunden gewonnen

2000
Landesgesellschaft in USA gegründet

2003
Neue Zentrale in Ismaning

2010
Berufung in den Senat der Wirtschaft

Helmut Krcmar

Technische Universität München ...

war mal der Jüngste: 1987 mit 32 Jahren der jüngste BWL-Professor der Bundesrepublik (Lehrstuhl für Wirtschaftsinformatik an der Universität Hohenheim). Seit 2002 leitet der Wirtschaftswissenschaftler den Lehrstuhl für Wirtschaftsinformatik an der TU München und ist seit 2010 zudem Dekan der Fakultät Informatik. Und sonst: eigene IT-Beratungsgesellschaft gegründet (1995), mehrfach aufgelegten IT-Klassiker geschrieben („Informationsmanagement"), aktiv in Forschung, Lehre und CIO-Kreisen.

„Ein Wissenschaftler braucht Neugier, Ausdauer, muss kritisch hinterfragen."

CIO-Circle: Das Netzwerk deutscher IT-Chefs betreut Krcmar zusammen mit seinen Studenten.

***1954**

1973
Studium der Betriebswirtschaftslehre, Saarbrücken

1984
Postdoc, IBM Scientific Center

1987
Universität Hohenheim

1995
ITM Beratungsgesellschaft gegründet

2002
Lehrstuhl für Wirtschaftsinformatik, TU München

Oliver Grün

BITMi und Grün Software

Im Alter von 20 Jahren gründete Grün sein erstes Unternehmen. Seit 1998 ist er Vorstandsvorsitzender des Bundesverbands IT-Mittelstand e.V (BITMi).

„Eine Milliarde Euro an Spenden, das ist etwa ein Drittel aller Spendengelder in Deutschland, wird über Software der Grün Gruppe abgewickelt."

Worin sehen Sie die Kernaufgabe des BITMi?

Wir möchten eine profilierte, authentische und eigenständige Vertretung des IT-Mittelstands in Deutschland sein. Der Verband soll Sprachrohr unserer Mitgliedsfirmen sein und das Networking untereinander fördern.

Warum engagieren Sie sich im BITMi?

Weil die Arbeit anderer Verbände eine mittelstandsorientierte Vertretung nicht gewährleisten kann. Der IT-Mittelstand macht fast die Hälfte der Wertschöpfung aus, er braucht ein adäquates Gewicht.

Christian Persson

c't

1983 suchte der Heise Verlag jemanden, mit dem er eine Computerzeitung gründen konnte. Christian Persson brach sein Lehramtsstudium ab und rief c't ins Leben. In der deutschen IT-Presse dürfte er der dienstälteste Chefredakteur sein; in jedem Fall zählt er zu den bekanntesten und erfolgreichsten. Auch heise online gedieh unter Perssons Herausgeberschaft zu einem der führenden IT-journalistischen Internet-Auftritte. Vor seiner Heise-Zeit spielte Persson in einer Cover-Band.

„Traumberuf: Als Kind und Jugendlicher Pilot, dann Journalist."

Über 1 Kilo wog die c't-Ausgabe für die Leipziger Frühjahrsmesse 1990.

- ***1948**
- **1967** Bundeswehr, später Luftwaffenoffizier
- **1967** Abitur
- **1971** Nordwestzeitung Oldenburg
- **1978** Studium Politik, Musik
- **1983** Gründung c't

Seit **19**

Jahren arbeitet Jürgen Kunz nun schon für Oracle.

Jürgen Kunz

Oracle

Eigentlich mag Oracle keine Helden – mal abgesehen vom Alphamännchen Larry Ellison. Fakt ist aber, dass es Manager wie den Deutschland-Chef Jürgen Kunz im Konzern gibt, die das Unternehmen auf lokaler Ebene voranbringen. Geräuschlos und überaus erfolgreich sorgt er dafür, dass das zweitgrößte Softwarehaus der Welt hierzulande in der Überholspur und die Konkurrenz auf Abstand bleibt. „Oracle ist bei der Hervorhebung einzelner Persönlichkeiten aus dem Unternehmen sehr zurückhaltend", teilt das Unternehmen mit. Schade eigentlich, es gäbe eine Menge über den studierten Betriebswirtschaftler, Hobbywanderer und Fußball-Fan Kunz zu sagen...

Kunz ist für etwa 1990 Oracle-Mitarbeiter verantwortlich.

Darf man hier erwähnen, dass Heiko Hubertz Fußball als „leidenschaftliches" Hobby bezeichnet, und „besonders den HSV"? Man muss! Mit der Idee eines Fußball-Browser-Spiels fing alles an. Seit dem Einstieg von zwei US-Investoren 2011 ist die Firma 600 Millionen Dollar wert. Bigpoint!

Heiko Hubertz

Bigpoint

Bevorzugte Website: Nahrung on Demand über www.lieferheld.de. Und dazu Fußball im Sitzen spielen.

Was hat Sie motiviert, Gründer zu werden?

In erster Linie der Spaß am Produkt. Damals gab es noch kein Fußballspiel, das man im Browser zusammen mit seinen Freunden spielen konnte. Als leidenschaftlicher Fußballfan hatte ich zusammen mit einem Freund die Idee, so etwas zu entwickeln. Erst zwei Jahre später habe ich erkannt, welches wirtschaftliche Potenzial hinter dem Business-Modell „Free to play" steht.

Welche Hürden waren am höchsten?

Da bei der Gründung von Bigpoint Spaß im Vordergrund stand, habe ich keine Hürden gesehen, sondern nur Herausforderungen.

Und welches waren nun diese Herausforderungen?

Zum Beispiel war es am Anfang nicht ganz einfach, schnell die richtigen Mitarbeiter zu finden. Aber auch die Suche nach Büroräumen, die flexibel und schnell mit uns wachsen können, gestaltete sich sehr spannend.

Welche Hard Skills braucht ein Gründer?

Hard Skills sind nicht wirklich entscheidend für einen jungen Unternehmer, vieles kann man sich aneignen. Viel wichtiger ist die Leidenschaft für eine Idee, nicht beim ersten Rückschlag aufzugeben, auch Fehler zuzulassen.

Bei über zwei Milliarden Page Impressions hat Heiko Hubertz gut lachen.

Angespielt

- Deutscher Entwicklerpreis 2010
- European Games Award, 2010
- Deloitte Technology Fast 50, 2009
- red dot award: com. design, 2009
- Executive of the Year in Europe, 2009
- RedHerring TOP 100 Europe, 2007
- Deloitte Technology Fast 50, 2007
- Deutscher Entwicklerpreis, 2006

***1976**

1995 Private FH PTL Wedel: Softwareentwicklung

2002 Gründung von Bigpoint

2008 Investoren: Runde 1

2010 Büro in San Francisco

2011 Investoren: Runde 2

Ernst Denert

sd&m-Gründer

Die Leistungen von Prof. Dr. Dr.-Ing. E.h. Ernst Denert auf die Gründung und Führung der Firma sd&m zu reduzieren, greift zu kurz. Der überzeugte Softwerker engagiert sich als Honorarprofessor für Informatik an der TU München für die Grundlagen seines Metiers. Daneben hat er noch die Ernst-Denert-Stiftung für Software-Engineering gegründet und fordert: Informatik studieren!

„Enttäuscht ... was Capgemini aus sd&m (nicht) gemacht hat."

Klassische Musik und Jazz zählen zu seinen Hobbys.

***1942**

1970
Dipl.-Ing. der Nachrichtentechnik, TU Berlin

1975
Dr.-Ing. der Informatik, TU Berlin

1976
Softlab GmbH

1982
Gründ
sd&m

478

erhält Denert im Jahr 1971 als Mitgliedsnummer in der Gesellschaft für Informatik (GI).

Geld ... war überhaupt kein Grund für mich, die Firma sd&m zu gründen.

Professor ... hatte ich eigentlich werden wollen, aber dann ergab es sich mit meinem Partner anders.

Software-Engineering ... in der Praxis und mit eigener Verantwortung schien mir interessanter zu sein als an der Universität.

Ein junger Unternehmer ... muss sein Geschäft fachlich beherrschen, so dass ihm niemand ein X für ein U vormachen kann.

2001
IVU Traffic Technologies

2005
Bundesverdienstkreuz

2001
Software Pioneers Conference: 1. Reihe(v.l.): Denert, DeMarco, Wirth, Guttag, Jackson, Brooks, Parnas, Chen, Kay, Broy. 2. Reihe (v. l.): Boehm, Dijkstra, Fagan, Bauer, Gamma, Dahl, Nygaard, Bayer, Hoare.

2010
„Rentner mit Nebentätigkeiten"

***1936**

1956
Stadtmeister von Marburg im Schach

1972
Mathematik-Promotion

1974
Mathematik-/Informatik-Professur

1976

Der erste Supercomputer, die „Cray 1", wird vorgestellt.

Schach und Höchstleistungsrechner: Spätestens seit 1997 ein Thema, als IBMs „Deep Blue" Garri Kasparov bezwang.

Foto: Otto-von-Guericke-Universität Magdeburg

Hans-Werner Meuer

Universität Mannheim

Professor Hans-Werner Meuer ist der Meister und Archivar der großen Zahl. Gemeinsam mit Erich Strohmaier und Horst Simon (beide am NERSC/Lawrence Berkeley National Laboratory) sowie Jack Dongarra von der University of Tennessee in Knoxville veröffentlicht Meuer zweimal im Jahr die Bibel der leistungsstärksten Superrechner der Welt, die „Top-500-Liste". Zusammen mit dem ehemaligen Schachweltmeister Michail Botwinnik wollte der passionierte Schachspieler Meuer ein Schachprogramm entwickeln, das die Menschen das Fürchten lehrt. Meuer organisiert die International Supercomputing Conference – den wichtigsten Szenetreff für die Höchstleistungsrechner-Branche.

1973-1999
Leiter RZ
Mannheim

1993
Erstmals
Top-500-Liste

1995

Ex-Schachweltmeister Michail Botwinnik stirbt, bevor er mit Meuer ein Schachprogramm entwickelt hat.

2011
Meuer feiert am 7. Juni seinen 75. Geburtstag

8.200.000.000.000.000

Flops (Floating Point Operations pro Sekunde im Linpack-Benchmark) leistet der schnellste Supercomputer der Welt laut Top-500-Supercomputerliste vom Juni 2011. Das sind 8,2 Billiarden Flops (10 hoch 15). Es handelt sich um den Rechenboliden „Riken" am Advanced Institute for Computational Science im japanischen Kobe. Das System rechnet mit 548.352 Rechenkernen. Es ist mehr als dreimal so schnell wie der entthronte Spitzenreiter vom November 2010, das chinesische Höchstleistungsrechner „Tianhe 1A"

1.000.000.000.000.000.000

oder ein Exaflops (also 10 hoch 18 Operationen pro Sekunde) – so schnell wird in acht Jahren der leistungsfähigste Superrechner sein.

250.000.000

mal leistungsfähiger sind heutige Supercomputer im Vergleich zum ersten Höchstleistungsrechner vor 35 Jahren, der „Cray 1".

***1950**

Seit 1981
Informatik-Vorlesungen
Hochschule Karlsruhe

1984
Empfänger der ersten
Mail in Deutschland

```
Received: From Csnet-Sh.arpa
Date: Thu, 02 Aug 84 12:21:56
To: rotert%germany@csnet-rela
cc: zorn%germany@csnet-relay,
    breeden%csnet-sh.arpa@cs
Subject: Wilkommen in CSNET!
From: Laura Breeden <breeden%
Via:  csnet-relay; 3 Aug 84 1

Michael,
```

Bis 1993
Technischer Leiter
RZ-Informatik
Universität Karlsru

Michael Rotert

eco Verband der deutschen Internetwirtschaft

Als einen seiner größten beruflichen Erfolge nennt Michael Rotert die Gründung und den Aufstieg des Startups Xlink. Das Spinoff der Universität Karlsruhe war einer der ersten Internet-Provider in Deutschland und wuchs binnen sechs Jahren auf 30 Millionen Euro Umsatz. Bei dieser Wachstumsstory verwundert es nicht, dass der Diplomwirtschaftsingenieur im Jahr 2000 den Vorstandsvorsitz des eco, Verband der deutschen Internetwirtschaft, übernahm und bis heute behielt. Rotert kennt die Geschäftsmodelle der Unternehmen ebenso wie die nationale und internationale Politik, der sie gegenüberstehen. „Nebenher" blieb er unternehmerisch tätig. Er ist unabhängiger IT-Berater und geschäftsführender Gesellschafter von Maxspot.

Bis 2001
Sen. Vice President KPN

Bis 2004
CEO GTEN

Bis 1999
Gründung/Geschäftsführung Xlink, einer der ersten ISPs in Deutschland

Bis 2002
Geschäftsf. Vianetworks

Bis heute
Vorstandsvorsitzender eco, Verband der deutschen Internetwirtschaft

Internet

An der Universität Karlsruhe empfing Rotert 1984 die erste E-Mail in Deutschland und richtete den ersten Internet-Anschluss einer Hochschule ein. Die Verbindung zu Karlsruhe ließ er nie abreißen. Seit 1999 lehrt er dort als Honorarprofessor.

Überzeugung

„Zu über 90 Prozent" stimmt Rotert mit dem überein, was sein Verband vertritt. Ansonsten gibt es „einige Punkte, da denke ich etwas radikaler".

Improvisation

Auf einem Kongress in den USA wurde Rotert überraschend gebeten, etwas zu Unix und Networking in Europa zu sagen. Klingt nicht unlösbar, nur: Er war unerfahren, zum ersten Mal im Land, und das Ganze war Anfang der 1980er Jahre.

Wasser ist Roterts Element:
Er schwimmt und taucht gern.

Keine Überraschung bei der Lieblings-Website: Mathe + Philosophie = www.dilbert.com

„In Zeiten der ‚Consumerization' kennt sich jeder mit IT aus. Als CIO muss man all die guten Vorschläge erst verdauen."

Barbara Saunier

Beiersdorf Shared Services (BSS)

Angeblich wurden 1984 bewusst einige Lehrer für die Beiersdorf-IT verpflichtet, um die Kommunikation zwischen Fachanwendern und IT-Spezialisten zu ermöglichen. CIO Barbara Saunier hat tatsächlich etwas zu sagen – und das ist nicht hierarchisch gemeint. An IT-Hersteller: „Hört auf mit den Hochglanzversprechungen und bringt pragmatische sowie flexible Lösungen, die sich schnell umsetzen lassen und Mehrwert bringen. Seid echte Partner in der Zusammenarbeit. Deliver on your promises." Und an IT-Anwender: „Eure IT ist besser als ihr Ruf! Traut uns auch mal Lösungen zu, in deren Konzeption wir nicht jeden von euch einbezogen haben, weil wir dann deutlich schneller sein könnten." Manchmal muss es eben Klartext sein.

*1955	1984	1995	2001	2005	2010
	IT bei Beiersdorf	Leitung Systeme tesa	Leitung IT tesa	Leitung IT/ Supply Chain	GF BSS und CIO Beiersdorf

Foto: photosync/shutterstock

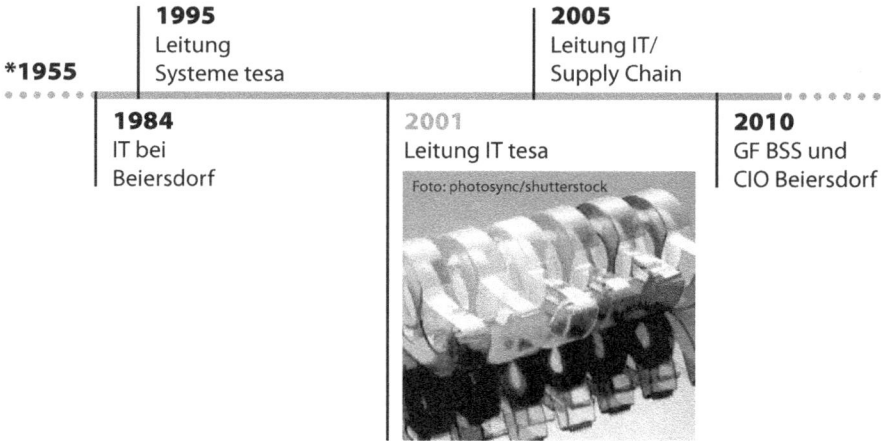

1...

Jahr hat die Gymnasiallehrerin für Mathematik und Philosophie in ihrem Beruf gearbeitet, bevor sie 1984 bei Beiersdorf in der IT anheuerte und sich in den folgenden Jahren von der Programmierung über die Projektleitung bis ins Management hocharbeitete.

2...

Rollen machen ihre Position besonders spannend: Als Geschäftsführer beinhaltet sie alle Management-Aufgaben der Führung einer Tochtergesellschaft, und als CIO ist sie mehr als jeder andere global und funktionsübergreifend tätig, denn die IT berührt alle Aspekte des Konzerns.

37...

ist eine ausgefallene Schuhgröße – wenn man bei Werksbesichtigungen Sicherheitsschuhe leihen muss. Als Frau in einer Männerdomäne gibt es manchmal schwierige, aber auch amüsante Situationen: Der Klassiker ist dabei die Verwechslung mit der vermeintlichen Sekretärin des CIO.

Ralf Koenzen

Lancom Systems

Aus einer Ruine des Neuen Markts, der Elsa AG, brachte Ralf Koenzen das Unternehmen Lancom Systems hervor. Die Bindung zwischen Gründer und Firma ist intensiv, inzwischen bezeichnet Freizeitpilot Koenzen Lancom tatsächlich als sein Hobby – gleich nach der Familie.

Was hat Sie motiviert, ein Unternehmen zu gründen?

Als sich nach zehn Jahren in der Elsa AG die Chance bot, den Geschäftsbereich Kommunikationssysteme weiterzuführen, habe ich zusammen mit einem meiner Mitarbeiter sofort zugegriffen – und diese Entscheidung seitdem kein einziges Mal bereut.

Was waren die größten Hürden bei der Führung des jungen Unternehmens?

Vor allem der Aufbau der Finanzierung und des kaufmännischen Fachwissens.

Schnellschuss

„Überaus spannend verlief 2002 die Lancom-Ausgründung: Innerhalb weniger Tage mussten wir mit einigen Mitarbeitern ein Fortführungs- und Finanzierungskonzept auf die Beine stellen, um den Fortbestand der Lancom-Produkte zu sichern. Die intensive Arbeit hat dem Team bislang neun sehr erfolgreiche Jahre ermöglicht."

Welche Charaktermerkmale braucht ein junger Unternehmer?

Einen (fast) unendlichen Zeiteinsatz und den festen Willen, Know-how für alle wesentlichen Unternehmensbereiche aufzubauen und konstant zu entwickeln.

Halten Sie sich als Geschäftsführer aus der Produktentwicklung heraus?

Der Abschied aus der aktiven Entwicklung ist mir schwergefallen. Heute bin ich bei der Spezifikation unserer Produkte beteiligt, aber froh, auch alle anderen Themen mitgestalten zu können.

Mit **18** Jahren hat Koenzen seine erste IT-Firma gegründet.

Koenzen fliegt in seiner Freizeit gern und selbst – dank Pilotenschein und Instrumentenflugberechtigung.

***1965**

1983 Gründung der Höffken & Koenzen GmbH

1991 Elsa GmbH: Abteilungsleiter

1996 Bereichsleiter

2002 Management-Buyout Lancom Systems

1964

1981 – 1985
Ausbildung zur Radio- und Fernsehtechnikerin

1983
Mitglied der Jungen Union

1994/98
Mitglied im Bayerischen Landtag

seit 1998
Mitglied im Deutschen Bundestag

seit 2008
Bundesverbraucherministerin

„Wenn irgendwo der Schuh drückt, kann man das am besten im persönlichen Gespräch klären."

Ilse Aigner

Bundesministerium für Ernährung, Landwirtschaft und Verbraucherschutz

Früh musste sich die heutige Bundesministerin als Elektrotechnikerin in einem von Männern dominierten Ausbildungs- und Berufszweig durchsetzen. Als Mitglied des Bayerischen Landtags 1994/98 erlebte Aigner dann ausgeprägt bajuwarische Politik unter Ministerpräsident Stoiber, Innenminister Beckstein, Kultusministerin und Strauß-Tochter Hohlmeier. Das prägt für größere Aufgaben. Als Bundesministerin bot sie Google in der Causa Street View furchtlos die Stirn. Auf der Internationalen Grünen Woche 2009 wollten Putins Sicherheitskräfte sie in Unkenntnis ihrer Person nicht an den Ministerpräsidenten ranlassen. Aigner schob sie einfach zur Seite.

Antonio Schnieder

Capgemini/BDU ...

Der langjährige Chef der deutschen Niederlassung von Capgemini zieht sich aus dem Tagesgeschäft zurück und wechselt demnächst in den Aufsichtsrat.

Als Unternehmenslenker ... war Schnieder maßgeblich an der erfolgreichen Integration von Ernst & Young mit Capgemini in Deutschland beteilgt. Er kam als europäischer CEO des im Jahr 2000 übernommenen Beratungshauses zu Capgemini.

Als Präsident ... des Bundesverbands deutscher Unternehmensberater (BDU) vertritt er die Belange von 530 Mitgliedsfirmen mit mehr als 13.000 Beratern. Damit repräsentiert der BDU rund 25 Prozent des deutschen Beratungsumsatzes. Schnieder steht dem Verband seit 2008 vor.

Als Co-Herausgeber des Buchs „Die Zukunft der deutschen Wirtschaft: Visionen für 2030" konnte Schnieder 30 Manager, Forscher, Journalisten und Politiker dazu bewegen, ihre Visionen für Deutschland niederzuschreiben.

Christoph Meinel

Hasso-Plattner-Institut (HPI) an der Universität Potsdam

Der promovierte Mathematiker und habilitierte Informatiker bezeichnet sich selbst als überzeugten „Design Thinker". Er beschäftigt sich mit Sicherheitsanwendungen im Netz, ist Vorsitzender des deutschen IPv6-Rats und sorgt dafür, dass dem Netz nicht die IP-Adressen ausgehen.

Welche Eigenschaften sollte ein Wissenschaftler unbedingt mitbringen?

Einen wachen Verstand, Ideenreichtum und Kreativität, Systematik sowie Objektivität, eine gute Ausbildung, viel Fleiß und vor allem Durchhaltevermögen. Außerdem sportlichen Ehrgeiz und Freude daran, bisher Unverstandenes zu verstehen.

> ***„Nutzer wollen selbst mit anfassen und zum Gelingen beitragen."***

Was sind Ihre größten beruflichen Erfolge?

Die Etablierung des HPI als national und international beachtetes Universitäts- und Forschungsinstitut. Daran haben der Stifter, alle Kollegen, Mitarbeiter und Studenten des HPI ebenfalls einen großen Anteil.

Was ist wichtiger für einen Wissenschaftler: Distanz oder Nähe zur Wirtschaft?

Um komplexe IT-Systeme zu untersuchen und weiterzuentwickeln, braucht ein Wissenschaftler eine große Nähe zur Wirtschaft, denn nur so kann er erkennen, an welchen Stellen sich Barrieren auftun. Viele Ideen funktionieren im stillen Kämmerlein, bringen aber keinerlei Fortschritt, wenn sie im großen Maßstab angewandt werden.

Lieblings-Website
www.tele-task.de

Welche Hobbys haben Sie?

In erster Linie meinen Beruf. Um nebenher anderes systematisch zu betreiben, bleibt mir keine Zeit.

Gefragter Redner: Meinel sprach bereits auf 380 Konferenzen.

Ein Vortrag in den USA...

wäre Anfang der 1990er Jahre fast an den Dias gescheitert. Meinel hatte sich intensiv auf die Konferenz vor 2500 Zuhörern vorbereitet. Doch die Dias passten nicht perfekt in das Bilderkarussell und brachten die Dramaturgie des Vortrags durcheinander. Aber die inhaltlich interessierten Zuhörer verziehen ihm den Fauxpas.

***1954**

1988
Habilitation Berliner Akademie der Wissenschaften

1992–2004
Professor an der Universität Trier

seit 2002
Visiting Professor TU Peking

seit 2004
Hasso-Plattner-Institut

2006
1. IT-Gipfel am HPI

Sissi Closs

Comet-Firmengruppe

Sissi Closs, Professorin für Informations- und Medientechnik, tanzt gerne. Sie hat Firmen gegründet, ist Mitglied der Geschäftsleitung der Comet-Firmengruppe und für ihre sozialen Verdienste ausgezeichnet worden. Die Welt der IT, so meint Closs, wäre bunter und menschennäher, wenn sich mehr Frauen dafür begeistern ließen.

„Ich kann mich verwirklichen wie immer erträumt."

***1954**

Ab 1980
TU München, wissenschaftliche Assistentin/Dozentin

1984 – 1987
Siemens AG

1987
Gründung Comet

2001

erhält Closs die Bayerische Staatsmedaille für soziale Verdienste.

Zu meinen größten beruflichen Erfolgen zähle ich, ... in 25 Jahren meinen fachlichen Bereich und die IT- und Medientechnik sowie innovative und flexible Arbeitswelten in Deutschland maßgeblich entwickelt und geprägt zu haben.

Frauen ... sind in der IT-Welt immer noch nicht adäquat repräsentiert.

Gute Personalführung ... bedeutet für mich, eine Arbeitsatmosphäre zu erzielen, in der möglichst alle motiviert und angstfrei arbeiten können und die Arbeit für sie sinnvoll ist.

Ich fände es akzeptabel, eine Quotenfrau zu sein, ... wenn es anders nicht ginge, etwa in den Vorstand eines Dax-Unternehmens zu kommen.

Seit 1997
Professorin Hochschule Karlsruhe

Foto: JVoskos-Wikipedia

Bis heute
Geschäftsleitung Comet-Firmengruppe und Professorin für Informations- und Medientechnik

***1953**

Speditionskaufmann, Abitur auf dem zweiten Bildungsweg, Studium

1981
EDV-Leiter Elektrobranche

1991
Selbständiger Unternehmensberater

1994
EDV-Leiter Max-Planck-Institut für Wissenschaftsgeschichte (MPIWG)

2000
Blog „Der Schockwellenreiter"

Fotos: Eco; Gabriele Kantel

Jörg Kantel

Schockwellenreiter.de

Seit April 2000 bloggt Jörg Kantel unter www.schockwellenreiter.de über Technik, Computer, Software sowie Politik und gehört damit nach eigenen Angaben zu den dienstältesten noch aktiven Bloggern des deutschsprachigen Web. Studiert hat Kantel Mathematik, Philosophie und Informatik. In den frühen 1980er Jahren begann er zunächst während des Studiums als Programmierer, später arbeitete er als DV-Leiter. Seit 1994 ist er in dieser Funktion beim Max-Planck-Institut für Wissenschaftsgeschichte (MPIWG) in Berlin beschäftigt. Außerdem unterrichtete Kantel zwischen 2006 und 2009 als Lehrbeauftragter für Multimedia im Fachbereich „Angewandte Informatik" an der Fachhochschule für Technik und Wirtschaft (FHTW) in Berlin.

1389 Follower
bei Twitter

Eine Telefonnummer...

oder gar eine Telefaxnummer gibt der passionierte Blogger nicht mehr an. Kantel behauptet, dass er „solch archaische Kommunikationsgeräte gar nicht mehr besitzt". Erstaunlich für einen 58-Jährigen...

Das iPad...

ist für Kantel kein Computer im Sinne einer Universalmaschine, denn ein IT-Gerät, auf dem keine einzige Programmiersprache läuft, sei kein Computer, sondern eine „Fernbedienung". (aus „FAZ.net")

Dem Hundesport...

gehört seine Liebe, und in seinem Blog wimmelt es von Beiträgen dazu. „Derzeit bilde ich meinen jungen Sheltie-Welpen zum neuen Champion aus", lässt er seine Fangemeinde wissen.

Ralf Klenk

Bechtle-Mitgründer

25 Jahre hat sich Ralf Klenk vorbereitet, dann hat er das erste Bechtle-Ladengeschäft zusammen mit Gerhard Schick und Klaus von Jan eröffnet. 25 Jahre lenkte er das Wachstum der Firma, die inzwischen über 5000 Mitarbeiter hat. Dann setzte er andere Prioritäten: eine Stiftung für Kinder.

Was hat Sie zur Gründung bewogen?

Es war eine gute Idee im richtigen Moment, gepaart mit der Aussicht auf selbständiges und eigenverantwortliches Handeln. Mehr Motivation war nicht nötig.

Die größte Hürde auf dem Weg?

Das Wichtigste und zugleich Schwierigste ist, auch bei relativ schnellem Wachstum den Einzelnen nicht aus dem Auge zu verlieren. Der Erfolg steht und fällt mit der Motivation der Mitarbeiter. Mit einem Team, das an den gemeinsamen Erfolg glaubt, kann ein Unternehmen auch wirtschaftlich schwierige Zeiten gut überstehen.

Mehr als **42** Kilometer läuft Klenk gelegentlich am Stück.

Welche Qualifikationen braucht ein junger Unternehmer?

Wichtiger als Begabung und Know-how sind meiner Erfahrung nach ein gesunder Menschenverstand, Entschlossenheit und Beharrlichkeit.

Was ist Ihr größter beruflicher Erfolg?

Die Gründung der Stiftung „Große Hilfe für kleine Helden" relativiert den beruflichen Erfolg und schafft eine tiefe innere Befriedigung. Selbstverständlich mindert das aber nicht meinen Stolz, die Entwicklung der Bechtle AG über 25 Jahre an vorderster Front begleitet zu haben.

Ohne PC

„Ich hatte keinen PC auf meinem Schreibtisch – das hat viele irritiert. Ich wollte meine Zeit lieber in persönliche Gespräche mit Mitarbeitern, Kunden und Lieferanten investieren. Am Bildschirm saß ich dann eher abends zu Hause. Das funktioniert natürlich nur mit einer perfekten Assistenz. Aber es lohnt sich!"

Foto: Große Hilfe für kleine Helden

Klenk engagiert sich für kranke Kinder.

***1958**

1983
Mitgründer und erster Mitarbeiter von Bechtle

1999
Vorstandsmitglied der Bechtle AG

2004
Vorstandsvorsitzender

2008
Rückzug ins Private

2009
Stiftung für kranke Kinder

Frank Riemensperger

Accenture

Große Unternehmen fit machen will Frank Riemensperger, Accenture-Geschäftsführer für Deutschland, Österreich und die Schweiz. Der Informatiker kam 1989 ins Unternehmen. 2005 ging er für vier Jahre nach New York, um weltweit die Softwareentwicklung des Geschäftsbereichs „Products" zu leiten.

Auf Platz 4 der besten Arbeitgeber ist Accenture im Ranking Great Place to Work gelandet, das auf Befragungen der Mitarbeiter basiert.

***1962**

1989
Einstieg bei Accenture

1990
Inbetriebnahme Deutsche Terminbörse (Projekt)

1998
Berufung zum Accenture-Partner

Riemensperger über ...

... seine größten beruflichen Erfolge

„Dass ich mit Accenture in meiner jetzigen Rolle viele hundert Arbeitsplätze in Deutschland schaffen konnte und wir beim Arbeitgeber-Ranking „Great Place to Work“ unter die Top Five in Deutschland gekommen sind.“

... schöne Momente

„Die erleben wir immer wieder dann, wenn eine neue, innovative Lösung bei unseren Kunden in Betrieb geht und dadurch ganz konkret messbare Wertschöpfung entsteht. Transformation ist kein Ziel, sondern Mittel zum Zweck.“

Über 5000 Mitarbeiter führt Frank Riemensperger bei Accenture in Deutschland.

... Hobbys

„Reisen in ferne Länder, vorzugsweise mit dem Rucksack, denn das hilft unheimlich, zu verstehen, wie die Leute gerade in den Schwellenländern leben und was sie zusammenhält. Ich habe auf diese Weise schon viel über unsere für Deutschland relevanten Exportmärkte gelernt und kann das nur jedem empfehlen.“

2005
Leitung der globalen Softwareentwicklung des Accenture-Geschäftsbereichs „Products“, New York

Foto: Stefan Volk-Wikipedia

2009
Vorsitzender der Geschäftsführung Accenture DACH

2011
Wahl ins Bitkom-Präsidium

Ole Brandenburg

Stepmap

Gründet gerne mal ein Unternehmen, mittlerweile seit mehr als zwölf Jahren. 2008 hob er gemeinsam mit zwei Mitstreitern Stepmap aus der Taufe. Individualisierte Landkarten im Internet können viele gebrauchen, dachten sich die Gründer. Der Kundenstamm wächst rasant.

Was hat Sie motiviert, ein Unternehmen zu gründen?

Dass es keine echte Alternative gibt. Als Angestellter in einer großen Firma wäre ich zu ungeduldig. Ich habe den Eindruck, dass dort oftmals keine echten Macher am Werk sind.

gründete er sein erstes Unternehmen.

Was waren für Sie die größten Hürden beim Aufbau Ihrer Unternehmen?

Ein Gründungsteam zu finden und auf lange Zeit mit sehr wenig Geld und Freizeit auszukommen. Das geht nur, wenn man auch ein wenig verrückt ist.

Welche Hard Skills braucht ein Jungunternehmer?

Wichtig sind rechtliche und finanztechnische Grundkenntnisse, die Fähigkeit, klar und überzeugend zu kommunizieren, sowie eine gesunde Portion Selbstbewusstsein, da einem gerade in der Anfangsphase viele Kritiker im Weg stehen.

Was denken Sie über Mitarbeiter, die eine Arbeitszeiterfassung fordern?

Fehl am Platz. Ich verlange von niemandem eine 70-Stunden-Woche, sondern eine Einteilung der Zeit in sinnvolle Tätigkeiten.

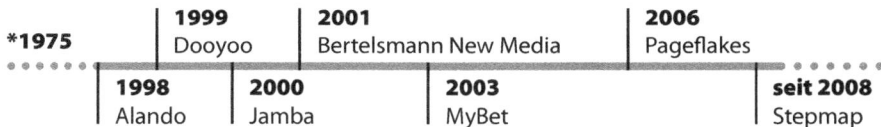

Wenn Brandenburg mal Zeit hat, reist er gerne.

Wenn Investoren irren

„Wir haben Stepmap als Idee bei sehr vielen Investoren vorgestellt, bekamen aber fast immer die Antwort, dass die Idee zwar interessant sei, es sich aber wohl doch um ein Nischenprodukt handeln würde. Heute haben wir weltweit Kunden aus allen Branchen."

***1975**

1998 Alando

1999 Dooyoo

2000 Jamba

2001 Bertelsmann New Media

2003 MyBet

2006 Pageflakes

seit 2008 Stepmap

Markus Müller

Ubitexx

Die Geschäftsidee entwickelte Müller während eines Praktikums für Palm. Dort unterstützte er den Vertrieb und besuchte regelmäßig die Händler, die ihn nach einer Einbindung von Smartphones in die Unternehmensinfrastruktur fragten. Da es noch keine Lösung, aber eine große Nachfrage gab, gründete Müller mit einem Studienfreund noch während des Jurastudiums die Firma Ubitexx. Von 2002 an leistete sie mit ihrer Software für die zentrale Verwaltung von Smartphones, PDAs und Tablet-PCs viel Pionierarbeit. 2010 gelang es Ubitexx, die als Multiplattform konzipierte Mobilgeräte-Management-Lösung „ubi-Suite" als Marktführer in Deutschland zu etablieren. Im Mai 2011 kaufte Blackberry-Hersteller RIM das deutsche Vorzeige-Startup.

Nachts um 23 Uhr im Büro ...

wurde Markus Müller von **Einbrechern** erschreckt. Schnell versteckte er sich hinter der Bürotür. Schritte und Stimmen im Flur, Müller hielt die Luft an, sein Herz raste. „Bitte lass jetzt mein **Handy** nicht klingeln!", flehte er. Glück gehabt: Die Diebe verschwanden mit 20 Euro und der Kaffeemaschine vom Nachbarn.

Jahren gründete er sein Unternehmen.

1994-1999
Rechtswissenschaften Uni Bayreuth und LMU München

***1973**

2001
2. Staatsexamen/ Rechtsanwalt

Mai 2011
Übernahme durch RIM; Senior Director von Ubitexx

1997-2000

Retail Specialist Trainer, dann Mitarbeiter der Rechtsabteilung von Palm Deutschland bzw. Palm Inc.

2002
Gründung von Ubitexx

Motivation

„Zunächst einmal motiviert mich, etwas aufzubauen, einen ‚Unterschied' zu machen. Inhaltlich wollte ich einen Service schaffen, der das mobile Arbeiten vereinfacht und Menschen weltweit erlaubt, ihre mobilen Endgeräte einfach und ohne Risiko zu nutzen."

Stehvermögen

„Ein Unternehmer braucht Leidenschaft für seine Geschäftsidee, die Motivationskraft, andere davon zu überzeugen, und das Stehvermögen eines Boxers, der trotz heftiger Treffer immer wieder auf die Beine kommt."

Timing

„Erfolg hat nur das Unternehmen, das zum richtigen Zeitpunkt den Bedarf an neuen Services oder Produkten im relevanten Markt decken kann."

Jahre ist die GUS Group am Softwaremarkt aktiv.

Heinz-Paul Bonn

GUS Group

Eine Ausnahme? Eher DIE Ausnahme in der ernsthaften IT. Geboren am 9. Mai, dem „1. Tag im Frieden". Das verpflichtet zur Freude. Über 30 Jahre ist sein Softwareunternehmen am Markt, nebenbei macht er Verbandsarbeit im Bitkom-Präsidium. Ein rheinisches Urgestein, nun oft auf Facebook.

Seit 2009 bloggt Bonn unter bonnblog.eu. Keine Fotos, dafür launige Ansichten.

Warum noch Verbandsarbeit zusätzlich zur langjährigen CEO-Position?

Ich arbeite mit Gleichgesinnten dafür, unsere Vorstellungen von einer verantwortungsvoll mitfühlenden sozialen Marktwirtschaft umzusetzen und dazu beizutragen, dass zeitfremde Utopien und Ideologien keine Chance haben.

Welche Ziele streben Sie an?

Mir geht es primär um die Steigerung einer inländischen und insbesondere mittelständischen Wertschöpfung sowie um die Schaffung und Sicherstellung von Arbeitsplätzen.

Wie viel Bitkom steckt in Bonn?

Dirigenten interpretieren die Symphonien von Komponisten. Mein Verband entwickelt also die Partituren, und ich bemühe mich, sie in meinem „Mittelstand" zu interpretieren und umzusetzen.

Welche persönlichen Eigenschaften braucht ein guter Verbandssprecher?

Wortgewandtheit, Sachverstand, Kreativität, Toleranz und Disziplin. Das Letztere fehlt mir etwas, so bin ich kein Sprecher, sondern lediglich Mitglied des geschäftsführenden Präsidiums.

Auf dem Teppich

„Über das Bundesverdienstkreuz habe ich mich gefreut – wer ist frei von Eitelkeit? Meine Frau sagte nur, ich habe kein ertrinkendes Kind gerettet, und jeder halbwegs bekannte Fußballer oder Schauspieler werde auch damit ausgezeichnet. Das hat mir dann geholfen, mit meinem Stolz auf dem Teppich zu bleiben."

Sein Markenzeichen: die rote Brille.

***1945**

1980 Gründung der GUS Group in Köln

1995 CEO der GUS Group AG&Co

1997 Bundesverdienstkreuz

2001 Bitkom-Präsidium

2005 Mitglied im BDI-Vorstand

Jutta Eckstein

Unabhängige Beraterin ....

Jutta Eckstein könnte einem erzählen, dass sie gern taucht, Ski fährt, wandert, liest und Yoga betreibt. Man(n) wäre begeistert. Doch Eckstein ist auch eine der Topexpertinnen im Bereich agiler Prozesse und Objektorientierung. Bei diesen Themen steigen dann 97 Prozent der Männer verstandesmäßig aus.

Bücher über agile Softwareentwicklung hat Eckstein schon veröffentlicht.

Mens sana usw.:
Für Eckstein mehr als Worte.

Reisen bildet

Den Namen des Landes, in das Jutta Eckstein mit ihrem Chef dienstlich reiste, verschweigt die Redaktion aus Höflichkeit. Dort beim Kunden angekommen, sagte dieser bei der Vorstellung von Eckstein: „Ich dachte, Sie bringen einen Techniker mit." Ihr würde es, sagt Eckstein, sonst nur beim Tauchen die Sprache verschlagen.

„Nicht jede Frau hat den Ehrgeiz sich durchzukämpfen, was aber nicht bedeutet, dass sie einen schlechten Job macht."

Was bedeutet für Sie Erfolg?

Der Schritt in die Selbständigkeit war sehr wichtig, aber auch das Veröffentlichen der Bücher sowie meine Beiträge und mein Engagement in der Agile-Community.

Wann ist ein agiles Projekt für Sie erfolgreich?

Es ist nicht damit getan, dass man sich einen Prozess wie Scrum anschaut. Das Wichtigste ist, dass man Feedback einholen muss, inwiefern zum Beispiel der Prozess dem Team und dem Projekt nützt, und dabei untersucht, wo Probleme auftreten.

Was würde sich ändern, wenn mehr Frauen in der IT tätig wären?

Es würde mehr in echten Teams gearbeitet werden und nicht nur in Ansammlungen von Individuen. Außerdem gäbe es einen anderen Umgangston und mehr Respekt. Wir können es uns heute nicht mehr leisten, auf das Potenzial der Frauen zu verzichten, deswegen befürworte ich auch die Quote.

Eckstein leitet gerne internationale Konferenzen als Program Chair.

Thomas Olemotz

Bechtle

Es sind immer Teamleistungen, die zum Erfolg führen, sagt der Bechtle-Chef. Dem Systemhaus, das mehr als 1,7 Milliarden Euro jährlich umsetzt, geht es glänzend – insofern haben die Mitarbeiter einen guten Job gemacht. Olemotz´ Beitrag: „Ich glaube unbedingt an die Kraft der Vorbildfunktion." Besonders angetan haben es ihm Mitarbeiter, die unprätentiös und zielorientiert handeln sowie authentisch und bodenständig sind. Aber vor allem sollten sie den Mut zur eigenen Meinung haben. Gemeinsam könne man die Bechtle-Story fortschreiben.

Das liebste Hobby: Sport (Joggen, Skifahren, Segeln), aber auch Oldtimer und Kultur.

„Es gibt keine größere Macht auf Erden als den Willen des Menschen."

***1962**

1983 Ausbildung zum Bankkaufmann

1995 Promotion, Vorstandsassistent bei der WestLB

1996 Deutsche Gesellschaft für Mittelstandsberatung

2002 Vorstand Microlog Logistics

2010 Vorstandschef Bechtle

Ulrich Kampffmeyer

Project Consult Unternehmensberatung ...

Der Gründer und Geschäftsführer der produktunabhängigen Beratung prägt seit Jahren den Markt für ECM, Wissens- und Records-Management sowie Collaboration und Archivierung.

Berufswunsch

Archäologe, Rockmusiker, Reisender standen und stehen zum Teil noch heute auf der Liste. Geworden ist Kampffmeyer der führende Berater für ECM, obwohl am Anfang ein abgeschlossenes Studium zum Diplom-Prähistoriker stand. „Life happens" lautet sein Lebensmotto.

Job im Wandel

Die Paradigmen wechseln immer schneller. Der ständige Informationsfluss schwächt die Konzentration aufs Wesentliche und zwingt zu noch besserer Strukturierung, mahnt Kampffmeyer. Stressvorsorge, Ruhe und Gelassenheit seien daher elementar.

Knapp **11.600**

Mitglieder zählt die von Kampffmeyer gegründete und betreute Xing-Gruppe „Information & Document Management". Wird der Umgangston in den Diskussionen allzu ruppig, greift er moderierend ein.

*1961

1986-1994
Universität
Karlsruhe

1986
Diplom in Informatik
TU Karlsruhe

1991

Promotion in Informatik an der TU Karlsruhe

Foto: Karlsruher Institut für Technologie KIT

1994-2006
IBM Zürich

Michael Waidner

Fraunhofer-Institut für Sichere Informationstechnologie

Den Informatiker Michael Waidner zog es nach seiner Promotion an der TU Karlsruhe nach Zürich. Dort leitete er die IBM-Sicherheitsforschung am Zurich Research Laboratory in Rüschlikon, Schweiz. Daran schlossen sich vier Jahre New York an. Auch dort stand das Thema Security im Mittelpunkt seiner Forschungen. Waidner war in dieser Zeit für die technische Sicherheitsstrategie und Sicherheitsarchitektur bei IBM verantwortlich. Schließlich konnte ihn das Fraunhofer-Institut davon überzeugen, die Koffer in New York zu packen und als Leiter des Instituts für Sichere Informationstechnologie in Darmstadt anzufangen.

2006-2010

Chief Technology Officer for Security bei IBM in New York

seit 2010
Leiter Fraunhofer-Institut und Professor TU Darmstadt

Erfrischend: „Meine wissenschaftlichen Ideen entstanden unter der Dusche oder beim Unkrautjäten."

Tüftler

„Das Arbeiten als Wissenschaftler ist in Deutschland besonders erfolgversprechend, weil der Tüftler und Ingenieur immer noch eines der wichtigsten Rollenmodelle ist und die Freiheit von Forschung und Lehre nicht nur auf dem Papier steht, sondern wirklich gelebt wird – gerade in der Fraunhofer-Gesellschaft."

Wirtschaft

„In der Anwendungsforschung muss man wissen, was die Unternehmen brauchen. Aber nicht immer schätzen die Unternehmen die Situation richtig ein, weshalb man einige Dinge auch unabhängig von der Wirtschaft entwickeln muss."

Autoritäten

„Als Wissenschaftler sollte man unbedingt Skepsis gegenüber Konventionen, Autoritäten und vor allem gegenüber den eigenen vorgefassten Meinungen mitbringen."

Angelika Dammann

bis Juli 2011 SAP ....

2010 erhielt auch SAP ein eigenes Vorstandsressort Personal. Aufsichtsratschef Hasso Plattner war stolz, die Idealbesetzung zu präsentieren: weiblich, erfahren als IT- und Personal- Chefin, bewährt in Krisensituationen. Das alles half jedoch nichts, denn bereits gut ein Jahr später ist Dammann wieder zurückgetreten. Schade: Eine Power-Frau weniger in der IT.

WWW

Musikvideos auf Youtube schaut sich Dammann gerne an.

***1959**

1980
Studium der Rechtswissenschaft, Dissertation und Referendariat

1990
Gang durch die Institutionen bei Royal Dutch Shell bis zum Vice President IT-Infrastruktur

2007
Mitglied der Geschäftsleitung von Unilever Deutschland und des europäischen HR-Führungsteams

2010 - Juli 2011
Personalchefin und Vorstandsmitglied SAP

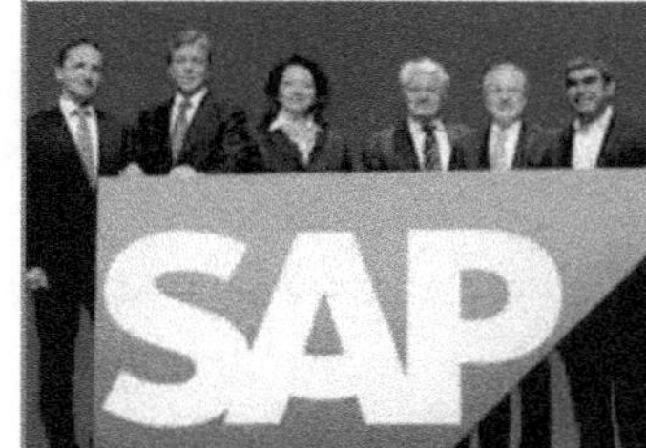

Fotos: Wolfram Scheible/SAP AG

Die Frage nach meiner Rolle als Frau in der IT-Männerwelt ... kann ich noch hören. Ich finde es wichtig, über meine Erfahrungen zu sprechen und so anderen Frauen Mut zu machen, ihre Ziele zu verfolgen und sich von vermeintlichen Männerwelten nicht abschrecken zu lassen.

Heterogene Teams sind erfolgreicher: Ich erwarte, dass mehr Frauen und generell bunt zusammengesetzte Teams auch mehr Innovationen bringen. Unterschiedliche Perspektiven helfen, bessere Entscheidungen zu treffen.

45-Jährige schon als ältere Mitarbeiter ... zu bezeichnen, ist für mich völlig indiskutabel. Ich halte viel davon, das Wissen und Können der erfahrenen Kollegen mit der Dynamik der Jüngeren zu verbinden.

Mein größter Erfolg ist ... beruflich und privat ein erfülltes Leben zu haben.

„Berührt hat mich der warme Empfang der SAP-Mitarbeiter auf der ganzen Welt."

Kurzes Gastspiel: Angelika Dammann zwischen ihren Vorstandskollegen Gerhard Oswald (links) und Jim Hagemann Snabe.

Torsten Straß

Logica

Das nennt man Bilderbuchkarriere: Mit 22 Jahren schon Bereichsleiter bei der IBM-Tochter Sercon, nachdem er im Schnelldurchlauf technische Informatik studiert hatte. Mit ein paar anderen Sercon-Kollegen gründete er acht Jahre später das IT-Beratungshaus Avinci, das mit einem innovativen Gehaltsmodell und seiner stark mitarbeiterorientierten Unternehmenskultur für Aufsehen sorgte. Später wurde zweimal sein Unternehmen übernommen, und zweimal wurde er als Geschäftsführer des neuen Gesamtunternehmens eingesetzt.

„Die Fokussierung auf das wirklich Wichtige, Teamarbeit und absolutes Commitment machen den Erfolg aus."

Rund 2000 Mitarbeiter führt Straß in Deutschland.

***1970**

1992
Bereichsleiter bei Sercon

2000
Vorstand Avinci

2004
Geschäftsführer Unilog-Avinci

2007
CEO Logica

Mit über **3000**

Teilnehmern zählt die von Beckedahl mitorganisierte re:publica zu den größten europäischen Blogger-Konferenzen.

Markus Beckedahl

netzpolitik.org

Als man sich vor gut zehn Jahren nach dem lauten Platzen der Dotcom-Blase irritiert die Ohren hielt, ging der Berliner Markus Beckedahl seinen Online-Weg konsequent weiter. Er machte das Bloggen hierzulande populär. Für seinen reichweitenstarken Blog netzpolitik.org mit dem Themenschwerpunkt Politik in der digitalen Welt heimste Beckedahl zahlreiche Preise ein. Um seinem Engagement noch mehr Nachdruck zu verleihen, gründete er im Frühjahr dieses Jahres den Verein „Digitale Gesellschaft", der, so das ehrgeizige Ziel, „Internet-Politik für die Menschen" machen will und sich für digitale Bürgerrechte einsetzt. Auch sonst ist der Blogger sowohl ehrenamtlich als auch als Lehrbeauftragter mit Themen rund um Social Media und Open Source beschäftigt. Bereits seit 2007 veranstaltet Beckedahl sehr erfolgreich die Berliner Blogger-Konferenz re:publica.

***1964**

1984
Studium zum Wirtschafts-ingenieur, Universität Karlsruhe

1991
IDC Deutschland, Research Manager

1996
Meta Group, Vice President

2002
Techconsult, Managing Director

2005
Gründung der Experton Group

Andreas Zilch

Experton Group

Andreas Zilch ist einer der wichtigsten IT-Analysten Deutschlands. Gemeinsam mit drei weiteren Experten hat er die Experton Group gegründet, die sich auf die Fahnen geschrieben hat, aktuell und unabhängig zu beraten. Die Startphase im Jahr 2005 war nicht einfach. Zilch hatte zuvor als Analyst für die Meta Group gearbeitet, die dann vom Marktführer Gartner übernommen wurde. Dort fand man es gar nicht lustig, dass eine kleine Gruppe von Topanalysten, darunter Zilch, absprang, um später die „Meton Group" zu gründen. Erst als sich das Unternehmen in Experton umbenannte, ließ sich der amerikanische Branchenführer ein wenig beruhigen. Schlaflose Nächte hat Zilch dieser Kampf trotzdem gekostet.

Entspannung vom Analysten-Job bieten Zilch Motorradfahrten am Wochenende. Zuhause in der Gararge steht dafür eine BMW Cruiser bereit. Manchmal kann Zilch dieses Hobby mit seiner zweiten Leidenschaft, dem Reisen, verbinden. Das Bild zeigt ihn auf einer Harley Davidson an der Route 66 in den USA.

Beruflicher Erfolg

Der bedeutendste Meilenstein ist die Gründung der Experton Group. Im Jahr 2005 mit vier Leuten gestartet, beschäftigt das Consulting-Haus heute über 80 feste und freie Mitarbeiter und hat sich als unabhängige Beratungsinstanz im IT-Markt etabliert.

Veränderungen

Als langjähriger Begleiter der IT-Industrie und IT-Anwender staunt Zilch über die Schnelligkeit, in der heute Entscheidungen getroffen werden müssen – zumal immer mehr relevante Informationen zur Verfügung stehen, die in die Entscheidungsfindung einzubeziehen sind.

Fortschritt

Beruflich schaut Zilch lieber nach vorn, „bloß nicht vergangenen Zeiten nachtrauern". Privat leistet er sich den Blick zurück dagegen gern: Zu seinen Hobbys zählen unter anderem Oldtimer (etwa der Roadster MG Midget).

*1956

1983
RWTH Aachen, wissenschaftlicher Mitarbeiter

1987
IBM, deutsches und europäisches Management

1998
Meta Group, Vice President

2004
Ausbildung zum Patentanwalt

2006
IDC, Vice President

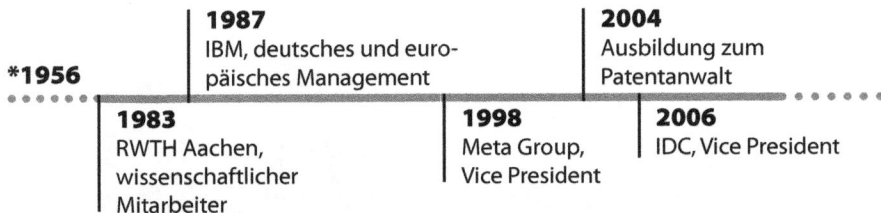

Cultural Diversity

Vor Jahren hielt Spies einen Vortrag in Saudi-Arabien. Viele Zuhörer trugen weiße Gewänder, während der Präsentation verließen sie den Raum. „Ist was unklar?", fragte sich Spies irritiert. „It's Prayer Time", flüsterte ihm jemand zu. Seitdem informiert sich Spies über kulturelle Besonderheiten des Gastlandes.

Rüdiger Spies

IDC

Als IDC-Analyst kennt Spies den Markt für Unternehmenssoftware ganz genau. Er sammelt und wertet Informationen aus, seine Erkenntnisse fließen in Beratungsarbeiten für Anwender und Anbieter ein. Doch damit ist sein berufliches Interesse nicht erschöpft. 2004 drückte er noch einmal die Schulbank, um sich als Patentanwalt ausbilden zu lassen. Seit 2007 kümmert er sich um Patentbewertungen im Hightech-Bereich. Sein Lebensmotto: „Das Leben ist wie Bergsteigen: Je weiter man kommt, desto anstrengender wird es, aber man kann weiter sehen."

Winfried Holz

Atos

Mit der Übernahme der Siemens-Tochter SIS wurde aus Atos Origin einfach „Atos". Holz leitet seit dem 1. Juli 2011 auch das neu formierte Deutschland-Geschäft des Unternehmens.

Dem Siemens-Konzern … kehrte Holz 2006, nach mehr als 20 Jahren Betriebszugehörigkeit – zuletzt bei Siemens Business Services (SBS) –, den Rücken. Nun kann er im Zuge der SIS-Übernahme viele ehemalige Kollegen bei Atos begrüßen.

Seit knapp drei Jahren … leitet Holz das Deutschland-Geschäft von Atos. Zum Start im November 2008 erwartete ihn eine besondere Überraschung: Die Insolvenz des Großkunden Karstadt-Quelle beziehungsweise Arcandor kündigte sich an.

Rund

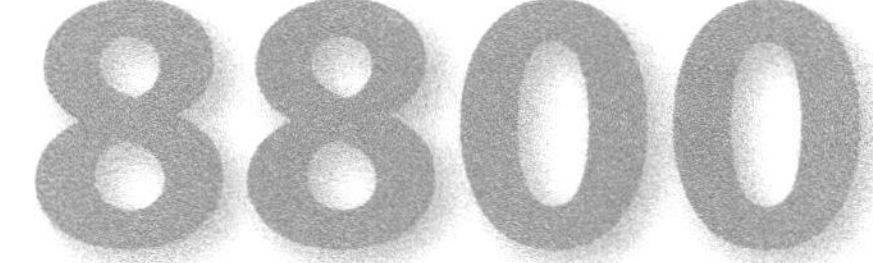

übernommene SIS-Mitarbeiter muss Holz in den kommenden Monaten mit rund 2500 Atos-Origin-Leuten in einer Organisation verschmelzen.

Christophe Châlons

Pierre Audoin Consultants (PAC)

Mit 25 Jahren kam Châlons nach Deutschland, um die PAC-Niederlassung aufzubauen. Das Unternehmen versorgt Software- und Serviceanbieter mit Research- und Strategieberatungsleistungen. „Quasi als Berufsanfänger stand ich vor der Aufgabe, mit erfolgreichen Gründern etwa von Ploenzke und Integrata Gespräche auf Augenhöhe zu führen", erinnert sich Châlons.

Wie hat sich Ihre Arbeit Im Lauf der Jahre verändert?

PAC ist zu einer global operierenden Firma mit knapp 30 Mitarbeitern in Deutschland geworden. Wir mussten daher klare Strukturen und Prozesse definieren und einen Teil der anfänglichen Freiheit und Flexibilität aufgeben.

„Meine liebste Website ist www.lequipe.fr, weil ich mich gerne über Sportereignisse informiere."

Gab es Zäsuren in Ihrer beruflichen Laufbahn?

Die größte Veränderung kam mit dem Internet. Plötzlich war der Zugriff auf Unmengen an Informationen möglich. Entscheidend ist heute, sie zu filtern und zu evaluieren. Das Web hat auch die Kommunikation und Zusammenarbeit verändert.

Was ist konstant geblieben?

Die interessantesten Informationen gewinnen wir weiterhin in persönlichen Gesprächen. Als Analyst führe ich regelmäßig spannende Diskussionen mit Führungskräften von IT-Anbietern und-Anwendern.

Was würden Sie gerne noch tun?

Die IT-Welt ist hochinteressant und berührt alle Wirtschafts- und Gesellschaftszweige. Ich muss aber zugeben, dass ich gerne mehr im Bereich Umwelt und erneuerbare Energien machen würde. Vielleicht wird PAC ja einmal einen weiteren Geschäftszweig aufbauen!

Luft und Wasser

„Man sollte jeden einzelnen Moment im Leben genießen und die Vielfältigkeit dieser Welt akzeptieren und schätzen. Meine Wochenenden und Ferien widme ich meiner Familie und diversen Sportarten. Im Sommer sind dies Segeln, Surfen, Wellenreiten und Wasserski, im Winter stehe ich gern auf Ski oder Snowboard."

Skipper und Crew: Châlons mit seinen Kindern beim Segeln.

***1963**

1983
Maschinenbaustudium an der Ecole Centrale de Nantes

1986
Systemadministrator im Rechenzentrum der EDF

1989
Aufbau und Leitung der PAC GmbH in München

2009
Vorstand und Chief Analyst der PAC-Gruppe

1973
Studium der
Nachrichtentechnik

***1954**

1981
Stationen bei HP
im Marketing

1988
McKinsey&Co.

1991

Marketing und
Vertrieb bei Apple

Jahre ist Dewald nun bei Sage.

Peter Dewald

Sage Software

Für Peter Dewald ist das Glas immer halb voll. Der Geschäftsführer der Sage Software GmbH hat das Unternehmen zu einem der größten Softwareanbieter des Landes gemacht – nachdem er zuvor großen Anteil daran hatte, dass Apple nach der Krise der 90er Jahre in Deutschland wieder auf die Beine kam. Auch die ersten Arbeitgeber des diplomierten Ingenieurs haben klangvolle Namen: Hewlett-Packard und McKinsey.

Inzwischen hält Dewald bereits elf Jahre das Steuer von Sage fest in den Händen. Sein wichtigstes Management-Prinzip: Konsequenz! Ausflüge ins Web enden bei ihm häufig im Kursteil des „Handelsblatts" – und auf diversen Info-Seiten zu den Traumstränden dieser Welt.

1997
Geschäftsführer
Apple Deutschland

2005
Geschäftsführer
auch für Osteuropa

2000
Dewald beginnt bei Sage in Frankfurt am Main.

Mitarbeiter

„Am besten gefallen mir Mitarbeiter, die anderen immer einen Schritt voraus sind – eine Reihe von Talenten konnte ich entwickeln und zum Erfolg führen. Das zähle ich zu meinen größten beruflichen Leistungen."

Entscheidungen

„Meine wichtigste geschäftliche Entscheidung war die Übernahme eines Unternehmens für Personalwirtschaft, das inzwischen dreimal größer ist."

Erfolg

„Neben dem Ausbau von Sage Software verbuche ich es als größten Erfolg, Apple in Deutschland nach der Krise der Jahre 1996/97 wieder aufgebaut zu haben."

Jürgen Grützner

VATM

Als Geschäftsführer des Verbands der Anbieter von Telekommunikations- und Mehrwertdiensten (VATM) kämpft der Volljurist Jürgen Grützner seit jeher gegen den einzigen TK-Konzern, der kein Mitglied ist: die Deutsche Telekom. „Ein Feind, viel Ehr", könnte man in Anwandlung an ein Sprichwort sagen. Der Verband ist inzwischen in Köln, Berlin, Brüssel und Washington D.C. präsent.

13

Jahre führt Grützner inzwischen den VATM.

„Ich mag neue Apps für Android und die Google-Suche."

***1959**

1980
Jurastudium

Bis 1990
Tätigkeit in einer Rechtsanwaltskanzlei

1990
Leiter PR bei der Post AG

1993
In der Bundespolitik

1998
Geschäftsführer des VATM

War an der Gestaltung diverser TK- und Postgesetze beteiligt.

Wegerechte

Jürgen Grützners ... Formulierungsvorschlag zu den Wegerechten beim Breitbandnetzausbau kam ins erste Telekommunikationsgesetz (TKG) – zugunsten der Unternehmen. Die Landwirte griffen ihn vor dem Verfassungsgericht an, um höhere Entschädigungen zu erzielen: zwecklos.

Der VATM ... setzt sich für fairen Wettbewerb und einen verlässlichen ordnungspolitischen Rahmen in der KK-Branche ein, in dem alle Anbieter ihre Geschäftsmodelle diskriminierungsfrei und erfolgreich umsetzen können.

Bei uns im Verband ... wird erfreulicherweise ein sehr offener Diskussionsstil gepflegt.

Ein Verbandssprecher braucht ... persönliche Eigenschaften wie Ehrlichkeit, Verbindlichkeit, Kompromissfähigkeit, Beharrlichkeit, strategisches Denken sowie eine gute Portion Humor und starke Nerven.

Jürgen Grützner ... segelt, wandert und fotografiert in seiner Freizeit.

Dietmar Neugebauer

DOAG

Nicht umsonst ist der promovierte Chemiker Vorsitzender der Deutschen Oracle-Anwendergruppe (DOAG). Der 60-jährige BMW-Manager gilt als absoluter Spezialist in seinem Thema. Bereits Mitte der 90er Jahre etablierte er bei seinem Arbeitgeber ein internationales Oracle-Team. Seine Stärke ist es, Probleme hartnäckig zu verfolgen, was den Hersteller schon einige Nerven gekostet hat. Aber so soll ein guter User-Grup-Chef ja auch sein. Wobei Neugebauer immer bemüht ist, die Probleme der Anwender gemeinsam mit dem Hersteller zu lösen.

„Mit unserem Oracle-Fokus erkennen wir nicht immer alle Probleme unserer Anwender."

Neugebauer mag es sportlich: Fußball, Wandern, Radfahren gehören zu seinen liebsten Freizeit-Beschäftigungen.

***1951**

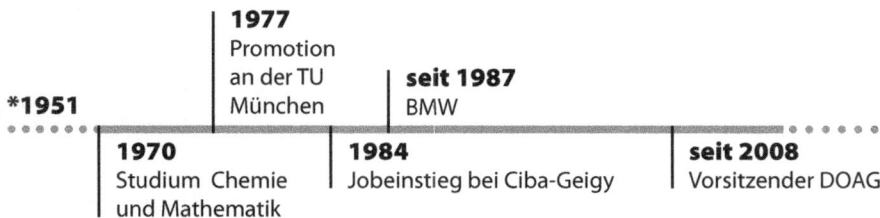

1970
Studium Chemie und Mathematik

1977
Promotion an der TU München

1984
Jobeinstieg bei Ciba-Geigy

seit 1987
BMW

seit 2008
Vorsitzender DOAG

ISBN 978-3-9429-2203-6

www.ingramcontent.com/pod-product-compliance
Lightning Source LLC
Chambersburg PA
CBHW021711210326
41599CB00013B/1614

* 9 7 8 3 9 4 2 9 2 2 0 3 6 *